好父母在线

父母应该这样说

高美 ◎ 编著

北方妇女儿童出版社

· 长春 ·

图书在版编目（CIP）数据

父母应该这样说/高美编著 . -- 长春：北方妇女
儿童出版社, 2024.5
　　ISBN 978-7-5585-8178-6

　　Ⅰ . ①父… Ⅱ . ①高… Ⅲ . ①家庭教育—语言艺术
Ⅳ . ① G78

中国国家版本馆 CIP 数据核字 (2023) 第 247668 号

父母应该这样说

FUMU YINGGAI ZHEYANG SHUO

出 版 人　师晓晖
策 划 人　陶　然
责任编辑　于　丁
装帧设计　天下书装
开　　本　710mm×1000mm　1/16
印　　张　12
字　　数　160 千字
版　　次　2024 年 5 月第 1 版
印　　次　2024 年 5 月第 1 次印刷
印　　刷　三河市南阳印刷有限公司
出　　版　北方妇女儿童出版社
发　　行　北方妇女儿童出版社
地　　址　长春市福祉大路 5788 号
电　　话　总编办：0431-81629600

定　　价　49.80 元

前言

作为父母，你是不是常常会对孩子说出这样的话：

"行了行了，不就是一点儿小事吗？"

"这都做不好，你还能做好什么！"

"你可真不让人省心！"

"磨磨蹭蹭干吗呢？能不能快点儿！"

"真不知道你脑袋里装的啥！"

"你这个榆木脑袋，怎么一点儿都不开窍？"

"着急有什么用，还不是你不好好学！"

……

这样的语言往往带着讽刺、打击、否定，对孩子的心理会造成非常严重的消极暗示，让孩子变得痛苦、彷徨、怯懦和自卑。

每个父母都非常疼爱自己的孩子，他们比任何人都希望孩子变得更好，于是常常想引导孩子改掉某些不好的习惯或者表达对孩子的关心，可是话一出口，却变成了粗暴的指责和批评。而正是这些无意识的语言，却仿佛是一把利刃，伤害了孩子的身心，让孩子变得叛逆起来，不仅越来越不听话，甚至还会像家长一样，说话简单粗暴，让人生厌。

其实，对于大多数孩子来说，需要的并不是冰冷的批评和教育，而是父母发自内心的鼓励、支持和认可，与其居高临下地斥责孩子，不如站在孩子的角度给予理解，激发他们的上进心，帮助他们获得自信与力量。《父母应该这样说》这本书，就是从父母和子女相处的种种细节中，精选出最易出现的场景，比如孩子的情绪、学习、生活习惯、行为习惯、公共交往等等方面，通过这些案例和沟通场景，让父母在阅读的时候能够产生共鸣，认识到自己和孩子沟通时出现的问题，并及时得到解决。

　　本书每节不仅列举了父母在教育子女时常常会出现哪些不恰当话术，而且还提出了一些指导和建议，包括一些话术示范，通过共情、反思、言传、身教等几方面，用通俗简单的案例、充满关爱的语言和简单易行的交流技巧帮助父母与孩子建立起平等、互爱、和谐的亲子关系，有效提高了亲子沟通效率。

目录

第一篇
学会和孩子共情

许多父母总会觉得孩子年纪小，并没有那么多心事，但事实上，小小的孩子是一个个独立存在的个体，他们也会有属于自己的快乐、烦恼、忧愁，这些"酸甜苦辣咸"的情绪体验会让他们的内心世界产生各种各样的变化。作为父母，一定要学会和孩子共情，试着站在他们的角度去考虑问题，懂得他们的所思所想，同时帮助他们更好地将内心的真实感受表达出来。共情如同一架桥梁，成功缔结起孩子和父母之间的良好沟通。

难过的乐乐

放学回家后，乐乐生气地踢了一脚房门。

哎哟，好痛！

乐乐，怎么了？为什么冲房门撒气呢？

今天的篮球赛，我们只差一分就赢了！

说完，乐乐捂着脸，难过得哭了起来。

我们准备了一个多月，可结果……

看到乐乐难过的样子，妈妈赶忙安慰他。

妈妈知道你们为这场球赛付出了很多……

难过时，不要只会说"没关系"

当我们遇到让自己不开心的事时，总会忍不住难过，这是一种非常常见的情绪。尤其是对孩子们来说，还不懂得正确排解情绪的他们，很容易陷在难过的情绪泥潭里，无法自拔。

哎呀……我的冰激凌！

都怪你没拿好我！

呜呜呜……我的冰激凌没有了！我好伤心。

没关系，大不了我们再去买一个！

是呀，没关系，快别哭了！

现实生活中，当孩子表现出难过情绪伤心大哭时，绝大多数父母为了让孩子不再难过，会选择用一句"没关系"去安慰他们。在父母眼中，那些让孩子感到难过、伤心大哭的原因都是微不足道的，甚至不值一提。然而，在听完"没关系"的安慰后，孩子的难过情绪不仅得不到疏解，反而还会变得更伤心了。

为什么会出现这种情况呢？原因很简单，那就是父母没有和孩子共情，没有站在孩子的立场去感受他们难过伤心的原因。

试想一下，如果你在生活中遇到了伤心事，当你为此难过不已时，你身边的人却给你一句"没关系""没什么大不了"的安慰，你的心里会感觉舒服吗？

答案当然是否定的。"没关系"式的安慰语句，其实是一种否定句式，它会让被安慰者产生不被他人理解的感受。比如，孩子精心搭建的积木倒了，他会因此感到无比难过，如果父母这时对孩子说一句"没关系，再搭一个"，那孩子就会觉得父母没有理解自己，同时也会觉得

小花儿被我养死了！

没关系啦，不就是一盆小花儿嘛！

自己在父母面前根本就没有难过伤心的资格。

长此以往，孩子会慢慢将自己的难过情绪隐藏起来，甚至还会学着父母的样子去对待他人，也就是当他人难过时，他们会像父母一样跟对方说一句"没关系"。

聪明的父母懂得和孩子共情，当孩子感到难过时，他们会这样说：

我能理解你。

当孩子难过时，父母一定要有耐心，试着和孩子换位思考，站在

没能拿奖，你肯定非常难过，这一点妈妈可以感受到！

就差一点儿我就能拿奖了！

他们的角度面对让他们感到难过的事情，这样一来，父母就可以直观地找出孩子难过的原因。同时，在安慰孩子时，要试着多说些"我能理解你""我知道你很难过"之类的共情话语，用你的同理心去让孩子获得被理解的感受。

你做得很棒。

我觉得你已经做得很棒了！刚才你的勾球实在太精彩了！

每天那么辛苦地练习，但是……

　　难过的情绪会让孩子丧失信心，此时，父母一定要帮孩子找出他的优点，让他在难过失落中获得安慰，从而增加自信心。当然，父母在夸奖孩子的优点时一定要具体，千万不能太过笼统，否则孩子无法察觉到自己的厉害之处。

愤怒时，不要选择以暴制暴

愤怒，对于孩子来说是一种本能的情绪。当孩子的生理需求没有得到满足、其他想法和愿望没有得到理解和支持、有不愉快的情绪体验等，孩子不知道该怎么排解时，不由自主就会产生愤怒的情绪。

今天太晚了，明天再买来吃吧。

不行，我今天就要吃葡萄！

我要吃葡萄，怎么没有葡萄？

你是不是皮痒了，想挨揍？

快别惹爸爸生气了，要不然他可要揍你了！

不让我吃葡萄，你们也别想吃了！

现实生活中，当孩子坏脾气发作，不接受别人劝说，依旧愤怒的时候，很多父母心中就会不由自主地升起一股"火气"，不是大声训斥孩子，就是强迫或者用武力威胁孩子马上停止愤怒。在父母心里，没有去思考孩子为什么会产生愤怒的情绪，甚至他们根本不觉得这些原因对孩子是非常重要的。当然，在家长以暴制暴下，孩子或许会暂时"俯首称臣"，但是他们心里会越来越压抑，以后遇到问题就更容易愤怒。

之所以会出现这样的情况，究其原因，就是孩子的愿望没有得到父母的关注，父母没有设身处地地从孩子的角度去感受他为什么会愤怒。

想一想，如果你是孩子，当你想要的一个东西被别人抢走的时候，你是不是会很愤怒？而这时候，在旁边的父母给你一句轻飘飘的话："也不是啥好东西，没有了就算了""有什么好生气的！脾气真大"，你心里会是什么感受呢？

父母是孩子最亲密和信任的人，父母对孩子的接纳和理解，往往决定了孩子被父母认可的程度。当孩子的需求没有被满足的时候，你不去关注他为什么会愤怒，而只是硬邦邦地安慰，甚至用比他更愤怒的情绪去压制，孩子就会觉得你根本无法理解他的感受，自己连愤怒的情绪都不能有，有就是不对的！

时间久了，遇到事情孩子不仅更容易愤怒，同时还会把所有的心思都隐藏起来，等到你想尝试和

他沟通的时候，就会发现难如登天了。

睿智的父母懂得换位思考，当孩子愤怒的时候，他们会这样说：

我能感受到你的愤怒。

你为什么把妹妹的玩具摔坏？

谁让她抢走了我刚折好的千纸鹤，玩具摔坏了也活该！

你说的这是什么话！对妹妹一点儿爱心都没有，算什么好姐姐！

当孩子愤怒的时候，父母不要一上去就说教，而应该静下心来认真聆听孩子愤怒的原因，让孩子知道你能够理解他的感受，可以多说些"我能感受到你的愤怒""我理解你的想法""你一定很生气，对不对？"等具有同理心的语言，让孩子慢慢把心情稳定下来，找到疏解情绪的通道。

我们一起想想再遇到这样的问题该怎么办。

愤怒往往会造成孩子的情绪混乱，做出一些错误的事情。这时候父母一定要像一面镜子一样，用平缓、具有同理心的语言帮助孩子今天小明踢球时故意撞我！让我们输了一球！

乐乐，看得出你心情很差，你能告诉我为什么会这样吗？

你因为别人故意犯规而输了球很愤怒，这一点妈妈可以感受到！

文具盒被同学弄坏了，你很生气。但是你打他一顿，文具盒也不能恢复原状啊！我们一起来想想下次遇到这样的问题，有没有更好的解决办法，好吗？

我不让他玩儿，他非要拿着玩儿，结果给我弄坏了！揍他也活该！

认清自己的情绪，找到出现这种情绪背后的原因，明白孩子的真正想法，并在孩子情绪稳定的时候，引导他调整认知，从另外的角度来分析这件让他觉得困扰的事情，帮助孩子用别的方式去解决问题。

恐惧时，试着和孩子感同身受

在孩子的成长过程中，总会遇到很多令他们感到恐惧的事情。恐惧是最正常不过的一种情感表达方式，但是面对这么正常的现象，家长们往往找不到正确的应对措施，甚至还会有很多错误的做法。

还是不玩儿了吧，妈妈，我害怕！

萌萌，你也下去一起玩儿吧。

别怕，很有意思的，去玩儿吧。

我觉得我玩儿不好，我不敢去玩儿。

这有什么好怕的，不想玩儿别玩儿了！以后都别玩儿了！

在现实生活中，当孩子遇到令自己恐惧的事情时，很多父母为了让孩子克服恐惧的心理，就会随意地对孩子说"别怕"，或者训斥孩子，说孩子没用。在父母眼中，令孩子感觉到恐惧的事情都是无关紧要的，是孩子懦弱、不自信的表现。因此，在听完父母的训斥或者随意的安慰后，孩子恐惧的心理不但没有得到缓解，反而变得更加自卑和害怕了。

父母的安慰和批评之所以没有对孩子起到好的效果，无非是父母没有与孩子共情，没有深入地了解让他们觉得恐惧的原因。

每个父母都经历过幼年、少年时期，那个阶段的你，是不是也有令自己感觉到恐惧的事情呢？一部令人感到害怕的电影？考试不及格时父母的巴掌？……当你感到害怕的时候，别人只会给你一句"别怕""这有啥好怕的，勇敢点儿"之类的安慰，你心里是什么滋味呢？

哈哈，这有什么好怕的，勇敢点儿！

我梦到了一只大蜗牛，它要吃了我！呜呜……好恐怖！

答案当然是不开心。"别怕""有什么好怕的"之类的语言看似安慰的话，其实更是一种不认可，它会让你觉得别人无法理解你的感受。比如，当你特别怕黑的时候，父母告诉你："黑有什么好怕的！"

然后转身就把灯给关了，这时候你会不会更加害怕和无助？

别怕，你看年龄小的弟弟妹妹都打了，你是大姐姐了，要勇敢点儿！

老师，我害怕打针，我不想打了。

时间久了，当孩子的恐惧情绪不被理解，内心就会变得越来越消极、自卑，更加不敢面对和尝试了。

要想帮助孩子克服恐惧，父母就要针对孩子的具体情况对症下药，他们会这么说：

你害怕这个东西吗？妈妈小时候也害怕。

萌萌，你怕毛毛虫吗？它长得确实恐怖，妈妈小时候也很怕它。

快走，快走，这毛毛虫太恐怖了！呜呜……

作为父母，不能无视孩子的恐惧，从而用敷衍的态度对待，而应该积极主动地帮助孩子克服心理上的恐惧。要试着感同身受，和孩子一起坦然面对恐惧，可以用"我也觉得这确实很恐怖""我以前也害怕过这样的事"这类语言，来帮助孩子认识到恐惧并不是什么大不了的事，每个人都经历过，这样孩子就容易获得安全感，从而打开心扉，从恐惧的情绪中走出来。

我相信你可以克服的，对吗？

妈妈，我害怕摔下来，不敢去玩儿。

妈妈知道你对滑梯有些恐惧，不过你看这么多小朋友都在玩儿，说明它很安全呢。妈妈相信你可以的，我们一起去试试好吗？

虽然孩子年纪小，但是很多道理他还是可以听懂的。当父母缓解了孩子的恐惧情绪之后，可以耐心地和孩子讲道理，分析让他害怕的这件事情、这个东西，比如打针是为了让身体变得更好，坏人是会被警察抓到的等，然后陪着孩子，鼓励孩子面对恐惧，战胜恐惧，最后再和孩子分析一下为什么自己能战胜恐惧，鼓励并肯定孩子，让孩子更有信心面对更多未知的恐惧。

害羞时，你的鼓励就是孩子的胆量

在孩子的成长过程中，或多或少都会有害羞的时候。他们不愿意和别人说话，害怕见到陌生人，害怕新环境，甚至喜欢躲起来，不愿意被别人关注到。

你也好哇！乐乐，你也向阿姨和同学打个招呼吧。

阿姨，你好！

没事没事，孩子有点儿不好意思呢。

乐乐，你这是咋回事呀？快打个招呼哇！

是呀，平时在家跟个"小霸王"一样，一出门就这么害羞了呢！

当孩子表现出扭扭捏捏，或者是躲起来等情况的时候，父母不是用语言来大声呵斥，就是"恨铁不成钢"，匆匆地给孩子贴上"胆小""害羞"等标签，这种标签贴久了，孩子就会从内心觉得害羞是自己的缺点，从而产生自卑感，更不敢大胆地表达自己了。

父母简单粗暴的表达方式，归根到底就是缺乏同理心，没有从孩子的角度考虑会出现害羞这种情绪的根本原因。

想一想：如果你的领导要求毫无准备的你上台做个重要演讲，你是不是也会有紧张、害羞的情绪？如果因为你表现不好被领导大声批评，那么你是不是更没有面子，心里也会更难受？

领导，这个演讲我没有准备呀，怕搞砸了！

不就是一个演讲吗？这都做不好，你还能做好什么！

答案当然是肯定的。一旦父母给孩子扣上"没用""胆小鬼"等帽子后，就会让孩子产生更多的心理压力，觉得自己完全不被别人理解。同时，他还会觉得自己很没

都是家人，不要害羞，要不来唱首歌吧。

我不会表演。

......

用，遇到别的事情时会更加胆怯、害羞，更不敢把自己的想法告诉别人了。

长期发展下去，孩子就会变得越来越不愿意和别人交流，慢慢地就变得不敢表达自己，甚至会产生自卑等心理问题。

想要孩子摆脱害羞的情绪，父母的鼓励或许就是孩子的胆量。父母应该这样说：

我理解你的紧张，我相信你会做好。

妈妈，我……我怕，怕自己表现不好。

妈妈知道你很紧张，不过歌曲我们都练习很久了对吗？妈妈觉得你唱得很好，相信你一定会做好的。

对父母来说，首先不要忽略孩子害羞的情绪。即便孩子表现得不尽如人意，也要用最大的耐心给予安慰和鼓励。经常用这样的语言："第一次做这样的事情都会紧张，等做多了，就会做得越来越好！""妈妈知道你很害羞，但是妈妈也相信你会做好的，对吗？"然后再给孩子一个温柔而坚定的眼神，这样他的信心才会慢慢增长，直到把害羞抛至脑后。

这次没表现好也没关系，我们下次努力。

妈妈，评委说我声音太小了，所以不能获得名次。

我觉得你有很大的进步了，以前都不敢上台，现在已经敢在台上唱歌了，太棒了！这次虽然表现得没有那么好，也没有关系，我们下次努力。

　　即便是害羞的孩子，也有自己的优点，父母不妨帮孩子分析一下他的优点，让他相信自己也是个优秀的孩子，自信心的不断加强，更容易帮助孩子摆脱掉害羞的情绪。不过父母要记得，夸奖孩子优点的时候，一定要从小事夸起，从细节夸起，越具体越好，这样孩子才会更加自信。

委屈时，比起责备，耐心倾听更有效

喜怒哀乐是所有人表达心情最直观的方式，成年人能够调节自己的情绪，而对于年少的孩子来说，更需要家长的疏导，尤其是孩子感觉到委屈的时候，一定不要觉得孩子大惊小怪，从而听之任之。

孩子觉得委屈的事，在父母眼里都是一些小事。所以当孩子表现出委屈的情绪时，父母往往会简单地说一句"不至于""没关系""就一点儿小事"去安慰他们。殊不知，这样的安慰不仅不能帮助孩子疏解委屈的情绪，反而让他们觉得有一种不被父母理解的孤单感，他们因此会更加委屈难过，时间久了，自己的委屈就会闷在心里，不再告诉父母。

其实，父母认为孩子这些苦恼、困惑、委屈的"小事"，在孩子心中可是让他痛苦难受的"大事"，父母只有做到与孩子共情，才能帮孩子走出烦恼的第一步。

回想一下我们小时候，是不是也有因为被同学误解、嘲笑而感到伤心难过的情况？也会因为被别人拒绝而不知所措？当你觉得委屈的时候，身边的人却不能感同身受，你的心里会是什么感受呢？

上课我根本没说话，老师就批评了我。

就因为这事呀？老师也不是故意的，没关系，赶紧吃饭吧。

不设身处地地站在孩子的角度去思考问题，而只是盲目地给出安慰，或者是用一些大道理试图"压制"孩子不要沉浸在这样的小事里，都会导致孩子对自己产生怀疑：我这么做是错的，不该这么做！

父母这样做会压抑孩子的情绪，给孩子带来心理创伤。慢慢地，孩子就会把委屈的情绪转向内心深处累积起来，导致自我评价不断降你怎么不等弟弟醒了再给他？你看把弟弟吵醒了，他又要哭半天。

我……我只是想让弟弟一睡醒就看到这个玩具。

低，从而消极地对待生活和学习。

当孩子委屈的时候，懂得与孩子共情的父母会耐心倾听孩子的心声，他们会这么说：

你看上去很不开心，能告诉我发生了什么事吗？

在孩子的心里，父母是他最信任和依赖的人，当看到孩子委屈的时候，一定不要过多地责备孩子或者觉得孩子大惊小怪，而应该鼓励孩子袒露自己委屈的心事，可以多用这样的话："我知道你很委屈，我

我就是想看看乐乐拿的什么东西，他就把我推开了，我就是看一看又怎么了？

你看上去很生气，还有点儿伤心，能告诉我发生了什么事吗？

也觉得很难过,你能告诉我发生了什么事吗?""能不能把你的不愉快讲给我听一听呢?"这样孩子就会感觉到父母能够理解发生在他身上的事情,更愿意把心里话说给父母听。

遇到这样的事情,你很委屈对不对?

孩子的委屈需要被关注和理解,但要特别注意方法,当引导孩子把委屈说出来之后,要对孩子的委屈表示理解,同时要适时地评价与肯定,明确告知孩子的做法没有错,最后要教给孩子正确处理问题的方法,让孩子在必要的时候保护好自己。如果父母这样做了,孩子以后会更加勇敢自信,有自己的立场和原则,内心会逐渐变得强大。

> 这个小朋友先推了你,还说你不对,当时你一定很委屈对不对?

> 明明是他先推的我,还怪我挡住了他的路!

> 你并没有错,我很开心你没有跟那位小朋友一样做错了事还怪别人。那样的孩子以后朋友会越来越少的,他以后会明白的。

第二篇

上学这事很关键

很多父母会无奈地抱怨："孩子总是不明白上学的重要性，天天希望学校放假，晚点儿起床，做事磨磨蹭蹭，丢三落四……"因此，父母往往会恨铁不成钢地选用一些粗暴的语言来督促孩子或者对孩子说教，以为这样就能帮助孩子认识到上学的重要性，可是结果却往往相反。其实，对于孩子来说，他们思维单纯、天真活泼、充满童趣，完全没有成年人的成熟思维和对社会的认知。这个时候，父母就要站在孩子的角度理解他们，并用孩子能接受的语言去帮助、引导他们，让他们从内心真正认识到上学的重要性。

我不想去上学

早晨，乐乐磨磨蹭蹭地不想去上学。

乐乐，你怎么还没收拾好？

妈妈，你今天能不能帮我请个假，我不想去上学。

为什么？

我……今天就是不想去。

看着乐乐低头抠手的样子，妈妈有些生气。

不行！哪有学生不上学的！我这么辛苦挣钱供你上学容易吗？赶紧收拾。

妈妈的话让乐乐忍不住哭了起来。爸爸听到了动静，赶紧过来安慰。

起床困难户，你的话术很关键

总有些时候，孩子喜欢做一个"起床困难户"，每天赖床不起，让父母头疼不已。尤其是早晨，父母又要上班，又要做饭，怒火就很容易"喷涌而出"，如果一时控制不住，对孩子说出一些催促、埋怨等语言，就很容易影响到孩子一天的情绪和状态。

别吵，我还想再睡会儿。

乐乐，起床了，要迟到了！

晚上让你早点儿睡，你非得磨蹭到十点。赶紧起床！再不起床就得挨揍了！

我早饭都做好了，你怎么还没起床？

妈妈，我困。

有的孩子有赖床的习惯，有的孩子还会有起床气，这都是很正常的状态。父母想要改掉孩子赖床的习惯，如果采用强硬的方式来叫孩子，往往容易引起孩子的反感，有的孩子一整天都会情绪低落而影响学习，有的孩子会用暂时的早起来避免责骂，还有的孩子会对家长采取对抗的心理。

"一日之计在于晨"，早点儿起来背会儿书吧。

之所以造成孩子这么大的情绪波动，归根到底，就是父母没有去思考究竟是哪些原因导致孩子成了"起床困难户"。

想一想，如果是你，晚上睡晚了，做了噩梦，或者是天太冷了，又或者自己不舒服……想赖会儿床的时候，突然身边的人给你一句粗

美美，你都睡好久了，赶紧起床写作业吧。

爸爸，我还困呢。

暴的"赶紧起床""怎么这么懒""快点儿,要迟到了"这样的话,你心里难道不会烦躁吗?

无论是谁,听到这样的语言想必都会烦躁起来吧。看似这样的话术是对孩子好,担心孩子起来晚了会吃不上早饭影响长个儿,或者是担心他们影响学习,但是实际上,却让孩子觉得自己不被父母理解,自己的想法在父母那里无关紧要,对父母产生不信任感。

时间久了,孩子会慢慢把自己的想法隐藏起来,内心也会越来越压抑,以后有什么想法都不会轻易对父母表达出来了。

对于父母来说,不妨选择一些幽默又平和的话术来叫孩子起床。你可以这样说:

是不是昨天睡得太晚了,我们再睡五分钟就起床可以吗?

当孩子赖床的时候,父母一定要静下心来,试着分析一下孩子赖床的原因,并尝试和孩子沟通一下,可以用这样的话术:"是不是昨天

> 多多,怎么还没起床啊?是不是昨天睡得太晚了?再睡五分钟就起来,好吗?

> 好的,妈妈。

睡得太晚了？""是不是做噩梦了？""是不是作业没完成，担心被老师批评？"这样的话术会帮助孩子分析问题，同时会让孩子觉得你能够理解他，之后可以再给孩子订一个小目标，比如再睡五分钟等，让孩子知道逃避是解决不了问题的，要勇敢面对。

> **起床了，妈妈给你做了你最爱吃的三明治，赶紧来吃呀！**

父母还可以用这样的话术来叫醒孩子："小懒猪快起床了，太阳晒到屁股了！""小眼睛醒了吗？醒了就眨一眨吧；小胳膊醒了吗？醒了就动一动吧。""快起床吧，要不妈妈一会儿上班了，你就只能一个人在家了哟。"这样的话术不会增加孩子紧张和焦虑的情绪，同时还会让孩子得到安慰，更容易帮助孩子摆脱"起床困难户"的称呼。

吃早餐这事，引导好过强迫

吃早餐这件事对孩子来说很重要，不仅能补充身体能量，更能让孩子精力充沛地开始一天的生活和学习。但是当孩子不想吃早餐的时候，作为父母的你们会怎么做呢？

萌萌，快迟到了，赶紧吃早餐哪！

妈妈，我不想吃。

不吃早餐对身体不好，赶紧吃吧。

可是我真的没有胃口哇！

不行，快吃，一大早就给我找事，你可真不让人省心！

对父母来说，当孩子不爱吃早餐的时候，很容易就因为担心孩子的身体而采用强迫或者急躁的语言来要求孩子，希望孩子借此认识到早餐的重要性。可是，他们却忽略了这样的话术很容易激发孩子的不良情绪，对孩子身心健康不利，孩子会因此一整天都情绪低落，伤心难过，影响学习和生活。

父母之所以会因为早餐和孩子产生矛盾，归根结底，就是父母没有从孩子的角度了解其不想吃早餐的真正原因。

相信每个父母都有自己不愿意做的事吧，如果别人以"为你好"的名义用强势的语言要求你做这件事的时候，你心里会感觉到舒服吗？

相信每一位父母都会觉得不舒服吧，孩子也是如此。当你用"早餐必须吃""我都是为你好，你快点儿""我辛苦做了早餐，这孩子怎么一点儿都不知道体谅父母"这样的语言时，看似是为了孩子好，实际上却是对孩子的一种不认可、不关心。比如，当你今天身体不舒服的时候，当你觉得早餐不合胃口不想吃的时候，当你因为起晚了怕耽误上学等原因情绪不好的时候，父母再硬邦邦地批评一顿，你是不是觉得更加沮丧和难过？

乐乐，你怎么就吃这么点儿啊，晚上会饿的。

妈妈，我吃饱了，不想吃了！

不行！不吃完不准出去！

　　时间久了，孩子就会习惯性地服从父母的指令，而渐渐地变得胆小，没有主见，不再有自己的思考和想法，这对孩子的未来可是非常不利的。

　　对于吃早餐这件事，强迫并不是一个好的选择，可以尝试用引导的方式。父母可以这样说：

怎么了？是不是没有胃口？

　　当孩子不想吃早餐的时候，父母一定不要张嘴责备或者不分青红

美美，你怎么不吃呀？没有胃口吗？

妈妈，我想吃三明治，不想喝米粥。

今天有点儿晚了，再做三明治来不及了，要不我们先喝米粥，明天妈妈再给你做三明治，好吗？

皂白地强迫，不妨去了解一下孩子不想吃早餐的原因，这时候父母一定要有耐心地和孩子沟通，用"是不是没有胃口""是不是没有你想吃的早餐""是不是担心迟到"等语言来了解孩子不爱吃早餐的原因，然后再根据相关原因进行调整，帮助孩子把早餐吃好。

要先吃好早餐，才有力气好好学习。

妈妈，我上学要迟到了，我不吃早餐了。

别着急，妈妈给你拿面包、牛奶路上吃。记住，一定要先吃好早餐，才有力气好好学习呢。

我知道了，妈妈。

　　养成良好的吃早餐习惯并不是一朝一夕的事情，父母一定要根据孩子的实际情况，顺应孩子的喜好，把早餐时间安排好，用科学的方式及鼓励和引导的话术帮助孩子明确吃早餐的重要性，帮助孩子养成良好的作息习惯和合理的饮食规律，为孩子的身体健康保驾护航。

洗漱磨磨蹭蹭，家长要以身作则

有些父母会有这样的苦恼：孩子每天早上起来洗漱要花费很长的时间，父母在后面拼命地催促，他们却还是不慌不忙。面对磨蹭的孩子，父母到底该怎么办？

乐乐，你洗好了吗？快要迟到了！

还没有呢。

乐乐，你能不能快点儿，洗脸、刷牙都快半小时了！

你再不出来我不管你了呀！等着迟到了让老师批评你吧！

妈妈再等会儿，我还没洗完脸。

　　孩子一大早就磨磨蹭蹭，对于着急送孩子上学的父母来说，是一件非常让人火大的事情，父母也常常因为气孩子磨蹭、拖拉，控制不住对孩子说出一些不合适的话，从而否定和伤害了孩子，让他们变得自卑、敏感，还会心生抵触的情绪，导致以后做事更加磨蹭。

　　父母的催促并不能对孩子产生好的效果，究其根本，就是因为父母没有设身处地地站在孩子的角度去想一想，孩子为什么会磨蹭呢？

　　想一想，是因为孩子注意力容易转移，对上学不感兴趣，还是没睡好，情绪不高，或者是与家长对着干？如果是这些原因的话，父母还妄图通过说教的方式催促孩子，那一定不会起到好的效果。

当父母对孩子说"别磨蹭了！快点儿""你就不能快点儿吗""怎么还没好，赶紧赶紧"这样的话，其实是因为父母忽视了孩子的生活节奏，他们下意识地认为孩子应该同自己的习惯保持一致。其实孩子也有自己的生活节奏，一旦被父母打乱，就会出现各种问题。

经常被催促的孩子容易对父母依赖过度，父母催一下，孩子动一下；同时也会缺少责任心，一犯错就把错误归结到别人身上；更有的孩子对父母产生抵抗心理，父母越说什么，就越不做什么。

要想让孩子不再拖拉和磨蹭，家长一定要以身作则，不妨试试这样的话术：

我们制订个计划，一起遵守好吗？

当孩子磨蹭的时候，父母不妨把他当作一个独立的个体，在相互平等和尊重的情况下和孩子制订生活作息计划。父母可以用这样的话术和孩子沟通："爸爸妈妈陪你一起，我们晚上九点睡觉，早上六点起床，你能做到吗？""你和爸爸来个比赛，每天早上十分钟时间刷牙洗

> 咱们执行一个计划：每天十分钟时间洗漱，十五分钟时间吃早餐，五分钟收拾好出门，如果谁没有遵守，就惩罚他做一周家务可以吗？

> 当然可以，妈妈你可不一定能赢我。

脸，整理床铺和学习用品，妈妈记录评分，看谁做得好，怎么样？"通过这种方式帮助孩子形成良好的生活作息习惯，从而撕掉"磨蹭"的标签。

妈妈觉得你今天比昨天快了一点儿呢，明天要是能再快点儿就更好了！

真的吗妈妈，我今天没有那么磨蹭了吧？

萌萌，你今天的洗漱速度比昨天快了点儿呢，明天要是能再快点儿就更好了！

　　父母还可以用这样的话术来提醒孩子抓紧时间："稍微快一点儿可以吗？妈妈上班要迟到了，迟到扣钱的话就不能给你买玩具了。""快一点儿好吗？要不你上学迟到，老师该批评你了。""妈妈有点儿着急呢，你可以快一点儿吗？"这样的话术没有吼叫和说教，不会增加孩子紧张和焦虑的情绪，同时还会引导孩子反思自己是不是真的有点儿慢了，自己要迟到了，让妈妈着急了等，从而有针对性地帮助孩子改掉"磨蹭"这个坏习惯。

出门拖拖拉拉，时间观念很重要

吃饭的时候要再三催促；写作业的时候一会儿上厕所，一会儿吃东西；准备出门了，又拖拖拉拉……这些让父母看起来火大的行为，其实就是孩子缺少时间观念的表现。

乐乐，你收拾好了吗？要出门了！

知道了，马上。

你看看，说你拖拉你还不承认，一堆理由，一会儿迟到了等着挨批吧你！

你看看现在都几点了，你就不能麻利点儿吗？

我已经很快了！我总得把有用的东西都拿好吧。

越是着急的时候，孩子越是拖拖拉拉，遇到这种情况，父母很容易失去耐心，有些脾气比较急的父母就会忍不住对孩子大声吼叫。其实这种方式很容易被孩子理解为父母对自己的不认可，他们会失望、难过，还有可能引起他们的反抗心理。

之所以会出现这种情况，原因很简单，就是父母没有站在孩子的角度去思考问题。

想想我们自己，出门前都会做些什么呢？比如早晨起床后，是不是要先看会儿手机，看看有没有新的消息，看看朋友圈，看看新闻，一直等到最后一刻，才着急地起床洗漱、收拾、给孩子做早餐、催孩子起床上学？如果这时候有人说你拖拖拉拉、浪费时间，你的心情会好受吗？

父母尚且有拖拖拉拉的时候，更别提缺少时间观念的孩子了。他们肢体不协调，动作会慢，容易被其他事情转移注意力，同时还很讨厌被父母控制。如果父母不能理解孩子拖拉的原因，经常用"你怎么总是这么慢""你这么磨蹭，什么时候才能出门"这样的话术来催促孩子，就容易让孩子觉得父母对自己不满意，自己无论做什么都是错的，自

己只能被动地被父母支配，不能有自己的想法。

时间久了，孩子就会把别人无意中对自己表达出来的情绪和无心的话解读成负面评价，从而变得自卑、敏感，甚至暴躁易怒、反抗父母。

想要培养好孩子的时间观念，父母可以试试这样的话术：

你要把我气死！

迟到就迟到呗。

还有五分钟，妈妈就要出发了！

当孩子拖拖拉拉，让父母非常生气的时候，父母一定不要把自己的坏情绪传递给孩子，而应该用自己的实际行动告诉孩子什么是时间观念。可以当着孩子的面把自己的东西都准备好，让孩子看到你快速

我已经收拾好了，还有五分钟，我就要出门上班了！

那你要快点儿了，五分钟以后，我要准时出发了。

妈妈，你等等我，我还没收拾好。

的动作，同时用"你快点儿来，妈妈要走了""还有五分钟，我就要出发了"这样的话术来渲染一下气氛，让孩子明白时间的紧要性。

我们来比赛，看谁最先收拾好出门怎么样？

好哇好哇，等我说一二三，我们就开始呀！

蓬蓬，我们俩来比赛，看看谁最先收拾好出门，怎么样？赢的人可以要求输的人完成一个小愿望哟。

　　父母还可以用一些奖励、激励的方式引导孩子快速行动，可以制订一个小目标，给孩子一些物质和心理上的小奖励，比如可以积分，满分可以兑换礼物；或者奖励一些自由的时间，可以让孩子做自己想做的事等等，通过这种方式激发孩子的热情，让孩子发自内心地主动做事，逐渐形成自己的时间观念。

提前做好规划，杜绝丢三落四

孩子总是丢三落四，这可是一个令父母非常头疼的问题。可是不管父母责骂还是耐心地跟孩子讲道理，却总也得不到实质性的帮助，这到底是为什么呢？

乐乐，你怎么还没好！

再等会儿，我找个东西。

你看你的东西总是乱放，你都不知道要提前准备好吗？真是的！

你到底找什么东西呀？这都快迟到了！

我要送给奶奶的贺卡找不到了。

当孩子丢三落四的时候，父母往往是崩溃的，会控制不住自己的情绪说出这样的话："你就不能改掉马虎的坏习惯吗？""都怪你，也不知道提前准备好！""你怎么回事呀？就这点儿小事都做不好？"当孩子听到这样的语言后，很容易有自责和愧疚的感觉，而这样的情绪势必会对孩子的学习和生活状态产生一定的影响。

其实，有的时候，孩子只是因为记忆力有限，他们很努力，却还是记不住那么多的事情。

想想作为父母的你，也不可避免会出现类似的情况：比如忘记了带钥匙，忘记了带资料，开会忘了接孩子等。如果这个时候，别人不分青红皂白地指责你一顿，你的心情会好吗？

你怎么回事？接孩子这么重要的事情，你也会忘记？还好老师给我打了电话！

抱歉哪，小明，我一开会就忘记告诉爸爸去接你了，等着急了吧？

想必谁都希望别人能理解自己，而不是一味地指责和埋怨吧。这样的话术除了发泄自己的脾气以外，对孩子没有一点儿好处。相反还会给孩子带来一定的负面情绪，让孩子对自己失去信心，觉得自己什么都做不好。

不仅如此，遇到问题的时候，孩子也会用责备和埋怨的方式应对，不去思考自身的问题，更不去想解决问题的方法。

你说说你，这个月都三次忘戴红领巾了，天天丢三落四的，以后可怎么办呢？

完了！我忘戴红领巾了，这回又得挨老师批了。

其实，孩子总是丢三落四，是因为没有提前做好规划，父母不妨给孩子一些理解和引导：

> 一次忘记情有可原，妈妈有时候也会忘记，可你不是第一次了，想想是哪里出了问题呢？

父母不能只顾着批评和纠正孩子丢三落四的毛病，而应该花心思

妈妈觉得，一次忘记情有可原，妈妈也有忘带东西的时候，可是你不是第一次了，上次体育考试忘了穿球鞋，还有上上次……妈妈觉得，你得好好想想是哪里出了问题呢？

我今天忘记了拿铅笔，没法涂答题卡，还好借了同学的，要不考试就零分了！

观察一下孩子丢三落四背后的原因，看看孩子是因为心理需求没有得到满足，还是因为没有提前做好规划。尝试和孩子一起分析一下，用这样的话术比较容易被孩子接受："你总是丢三落四的，这可不是好习惯，你跟妈妈说说，为什么会这样呢？""丢三落四肯定会带来很多麻烦，以后咱们可得提前做好规划。"这样的话术可以帮助孩子认识到自己的问题，同时引导孩子形成提前做好规划的意识和习惯。

早上时间有点儿紧，以后我们晚上就把东西收拾好吧。

完了完了，要迟到了！

早上时间太紧张了，容易着急，以后我们晚上就把东西收拾好吧。

因为孩子记忆力有限，总是会忘这忘那的，父母不妨用"我们一起来把东西收拾好""我们来看看明天都需要带什么东西"等话术，引导孩子做好自己的事情：每天都要做什么，第二天要准备什么，物品应该怎么摆放，每次用完都要放回原处……通过这样的方式，让孩子逐渐建立起自己的规划意识，知道自己要做什么，该做什么，这样才能改掉丢三落四的毛病。

第三篇

让孩子爱上学习

很多父母一旦发现孩子不爱学习就忍不住唠叨，用责备、抱怨，甚至是粗暴的语言去和孩子沟通，可是结果呢，孩子还是我行我素。所以，父母在教育和引导孩子的时候，一定要注意方式方法。如果总是用无效的话术去督促孩子，很容易伤害孩子的自尊心和自信心，甚至引起孩子的反感，激起叛逆心理。因此，在遇到孩子不爱学习的时候，父母一定要冷静下来，和孩子建立平等的对话关系，从而引导孩子从内心真正认识到学习的重要性。

一个误会而已

妈妈和乐乐一前一后走进了家门。妈妈脸色难看，乐乐垂头丧气。

你们回来了，怎么看起来脸色都不好呢？

问你那宝贝儿子吧！

妈妈说完就扭头进了厨房，爸爸好奇地看着乐乐。

今天被老师叫家长了。

是犯了什么错吗？

没有哇！

这时妈妈忍不住从厨房出来了。

老师说他最近上课不认真听讲，还给老师捣乱。

乐乐，这是怎么回事？

爸，其实这就是个误会。

怎么说？

那天我算好了下课铃响的时间，就伸了个懒腰。

没承想那会儿老师正在提问问题，以为我举手回答呢，一下就逮到了我……

爸，我真没捣乱。

提前预习，学习才会有所准备

有些父母会发现，孩子对预习很排斥，他们不愿意花费时间去预习，而父母又常常以"为你好"为出发点去要求孩子做预习，这就导致父母难免会对孩子说一些不适合的话，从而和孩子之间出现了冲突。

妈，我作业写完了，我出去踢会儿球。

先去预习一下明天的课文再去玩儿吧。

有啥好预习的，明天老师也会讲，干吗费这事？

你这么快就预习完了？

这可都是为你好，提前预习可以提高听课效率，你可别不当回事，赶紧预习去！

其实，很多孩子在听到父母让自己提前预习的时候都会很烦躁，他们要么觉得自己不自由，总是被父母逼迫着学习；要么认为预习浪费时间，没有效果；还有的孩子是不知道怎么去预习。面对预习，他们本身的积极性和自觉性就不高，尤其是听到父母带着强迫意味的语言"让你预习都是为了你好""必须预习，不预习不能出去玩儿"……就更容易引起孩子对预习这件事的反感，反而更起不到任何的监督作用。

之所以出现这样的情况，原因就在于父母没有认真了解孩子的真实想法，也没有找到孩子不愿意预习的真正原因。

想一想，每个父母都是从学生时期过来的，当时的自己是不是也不喜欢预习？当你听到自己的父母带一些强迫的语言时，会心甘情愿地接受吗？

相信每个人被别人逼着做一件事的时候都不会开心。尽管每个父母都知道预习对孩子有很多的好处，比如提高孩子听课质量、养成学习好习惯等，但只是强迫而没有让孩子了解，并真正认识到主动预习的好处，那对他们是完全起不到任何效果的，相反，还会让孩子觉得自己不被理解，父母完全不关心他们的心理状态，不知道他们到底想什么。

时间久了，孩子就会把自己的内心封闭起来，除了学习，什么事都不和父母沟通；有的孩子还会产生叛逆心理：你越是让我学习，我我也是，既要写作业又要预习，学习可真累！

我最讨厌放学了，一回家除了写作业就是预习，一点儿自由时间都没有。

就越不好好学。

其实，父母在提醒孩子预习的时候，不妨转变一下话术，用引导的方式告诉孩子预习的好处，你可以这样对孩子说：

我看你不想预习新课呀，是觉得占用了你的玩耍时间吗?

当孩子不想预习时，父母一定不要发火，而应该静下心来，用孩子能接受的口吻，问一问孩子的真实想法，这样就能根据孩子的情况，做出适合的引导。比如用这样的话术："和爸爸说说，你为什么不

预习太浪费时间了，我想去玩儿拼图。

我看你每次写完作业都不想预习呀，是觉得预习占用了你的玩耍时间吗?

想预习呢？""我觉得你对预习这件事不是太看重啊，你觉得是占用了你的玩耍时间吗？""爸爸以前也和你一样，不爱预习，觉得没什么用，但是后来发现预习还真是一个好的学习方法呢。"这样的话术让孩子感觉到父母对他的理解，孩子才更容易打开心扉，说出自己的真实想法。

> 提前预习是一个好习惯呢。预习后听课就会顺利，知识掌握得牢，作业就会写得又快又对，实际上还节约了时间呢。

　　了解孩子的真实想法之后，可以用引导的口吻，帮助孩子认识到预习的重要性。父母可以用这样的话术："提前预习是一个好习惯，学会预习对你以后学习很有帮助。""你每天作业写得有些吃力吧？这是因为你每天的学习内容掌握得不够牢固。你可以试试提前预习的方法，可以帮助你提高学习效率呢。""预习也费不了多少时间，十几分钟就可以预习明天的知识呢。"这样的话术能帮助孩子从内心认同预习这件事，不去排斥，同时还能告诉孩子预习会达到什么样的效果，帮助孩子建立主动预习的意识和习惯。

那我试试吧。

提前预习是一个好习惯呢。想想你预习后，听课就会顺利，知识掌握得牢，作业就会写得又快又对，还能给你节约出更多玩儿的时间呢。要不你试试？

认真听讲，杜绝课堂开小差

有些孩子在上课的时候总是发呆、沉思，不知道在想些什么；有些孩子会与同学交头接耳，或者玩儿手里的东西……一旦这些开小差的行为传到父母的耳朵里，孩子就不可避免地会遭受父母的指责。

老师说乐乐这次考试成绩特别差，平时上课也总是开小差，不认真听讲。

怎么了？看起来表情有些严肃哇。

你是怎么回事？别的同学都能认真听讲，你怎么总是上课发呆？

……

上课不好好听课，难怪这次考试这么差！

其实对于孩子来说，经常会出现走神儿、开小差的行为，这通常是由于神经系统发育不够完善，加上环境的刺激，导致兴奋，激发了他们的好奇心，所以才会出现在课堂上发呆、乱摸乱抠、不能长时间专注于听讲的现象。这本是孩子正常的心理现象，但是很多父母盲目指责孩子："真不知道你在想什么！""上课不认真听讲，看你考试怎么办！"这就会让孩子认为父母觉得自己不聪明，自己肯定考不好，反而起不到好的作用。

之所以会出现这样的情况，归根到底就是父母没有先去分析了解孩子为什么上课注意力不集中。

想一想，如果是老师讲课乏味，无法吸引孩子的注意力呢？如果是孩子反应慢，理解能力差，跟不上老师的讲课节奏呢？又或者是孩子心情不好呢？……别说孩子，就算是成年人出现这种情况，都难免会出现注意力不集中的时候，更别说原本神经系统发育就不够完善的孩子了。

导致孩子上课不认真听讲、经常开小差的情况有很多。孩子有注意力不集中、不喜欢这门学科、理解能力差等主观因素，也有不喜欢某位老师的课、心情不太好、遇到了不开心的事情等客观因素。不管

> 今天老师讲课我没听懂。

> 你是不是没好好听课，又开小差了是吧？真不知道你脑袋里装的啥！

是哪种原因，父母都不要不分青红皂白就去责备孩子，把所有的责任都归结到孩子身上，否则很容易对孩子造成不良的心理问题。

每个孩子对自己的评价都是从周围人的反应中逐渐建立起来的。当孩子听到的指责过多的时候，就很容易自卑，过低地评价自身的价值，从而变得胆小怯懦，不敢去尝试新事物。

聪明的父母当发现孩子上课开小差的时候，他们会这样说：

听老师说你最近上课的时候经常发呆，你自己察觉到了吗？

> 听你们老师说，你最近上课的时候有发呆的情况，你自己察觉到了吗？

> 我也不知道怎么回事，听着听着就"走神儿"了。

当孩子出现上课开小差的时候，家长一定要冷静下来，不要上来就责备或提要求，而应该引导孩子发现问题，正视问题。可以用一些询问的方法，或者是旁敲侧击的方法，比如用"你最近上课总是走神儿，是不是遇到什么不开心的事""你觉得老师上课讲的内容怎么样"这样的话术来提醒孩子，上课的时候开小差是一种非常不好的学习态度。只有认识到自己的问题，孩子才有可能去改正问题。

上课的时候，一定要把注意力都放在听讲上，专心学习老师传授的知识，这样才能把成绩追赶上来。

父母一定要用关心和积极的语言去和孩子沟通认真听讲的重要性，这样才能真正地帮助孩子解决问题，让孩子知道上课不好好听讲的危害，从而激发孩子从内心真正地改掉这个毛病，彻底杜绝课堂开小差的行为，把心思都放在学习上。

你也知道了这次没考好的原因，上课的时候，一定要把注意力都放在听讲上，专心学习老师传授的知识，这样才能把成绩追赶上来。

都怪我没好好听讲。

及时复习，温故知新要趁热

对孩子来说，他们学得快，忘得也快。如果不及时复习，那么学会的内容很可能会随着时间的流逝而逐渐被遗忘。面对这种情况，父母常常会很着急，冲动下更是会用一些不恰当的话术来"激励"孩子，而这正起到了反作用。

乐乐，你作业怎么写这么快？认真写了吗？

当然了！

看看你的作业，全是错的。你怎么整天就知道玩儿，也不好好复习一下功课？

……

作业本

你能不能主动点儿，认真复习，别每天都让爸妈催！

俗话说"温故而知新"，就是说老师讲的内容要及时复习才会记忆更加深刻，理解更加透彻。明明复习是这么重要的事情，可是有的孩子就是不爱复习，这也就引得着急的父母开始指责、数落孩子，希望借助这种方式让孩子养成复习的习惯。父母这种心情可以理解，但是这种方式不提倡，因为指责和数落不仅不能解决问题，反而会让孩子失去信心，对以后的学习不利。

之所以会造成这种不好的结果，其实就是父母没有站在孩子的角度想一想孩子不喜欢复习的原因。

想想我们大人，很多时候要去参加讲座、开会，当时也会记录很多笔记吧。可是，真正在会后去翻看笔记，进行复习的人又有多少呢？如果这时候别人再不分青红皂白给你一顿指责，你的心情会如何呢？

相信没有谁会面对别人的指责时还有好心情吧。父母的这些语言恰恰给孩子带来一种不好的心理暗示：我不复习了，反正爸妈认定了我学习差；天天批评我，搞得我一点儿复习的心情都没有了；我不知道该怎么复习，还得花好多时间……从这里可以看出，父母着急的情绪并不能激励孩子，反而加重了孩子不想复习的心理。

> 你看看，这就是没有复习的后果！不好好复习，学了也是白学！

> 我忘记了答案是什么了。

这种情况持续的时间久了，不但孩子的学习信心会下降，学习兴趣会减弱，而且还容易过度依赖父母，催一下，复习一下，缺少学习的主动性。

孩子如果是被动复习或者每次都依靠父母的提醒，那么复习的效

你这个孩子可真不让人省心，什么事都依赖爸妈，都不知道要好好复习复习。

怎么又扯到我身上了，真是无妄之灾。

果也好不到哪儿去。父母其实可以转变一种话术来和孩子沟通。你可以这样说：

今天上课学习的内容，你现在还有印象吗？如果有记不清的，可以复习一下哟。

父母在和孩子沟通的时候，一定要控制自己的情绪，要心平气和地和孩子聊一聊对学习的认知，问问孩子的观点，可以用"你觉得如果不复习的话，课堂上学习的知识能记得牢吗""你觉得复习一次够吗？需要多复习几次吗""今天上课的内容，你现在还有印象吗？有记

好无聊哇！

蓬蓬，今天上课学习的内容，你现在还有印象吗？如果有记不清的，可以复习一下哟。

不清的是不是可以复习一下呢"这样的话术来让孩子说一说他的想法，如果他的回答不令你满意，也不要直接批评或者直接纠正，可以发表一下你的看法，然后找到双方的共识，去做就可以了。

先把学习的内容复习一下，写作业才会更轻松哟。

> 多多，你可以试试先把今天学习的内容复习一下，这样写作业才会更轻松呢。

> 作业怎么都写不完，我太难了！

复习对孩子的学习有很大的帮助，父母要学会用积极的话语引导孩子："爸爸妈妈看到你最近都能坚持完成复习，这是一个很好的学习习惯，要继续保持哟。""隔一段时间要对所学的知识点全部复习一下，这样才能让自己全部掌握所学的内容呢！""先把学习内容复习一下，写作业才会更轻松哟。"用这些话术能更快地帮助孩子树立正确的学习态度和观念，引导孩子学会正确有效的学习方法，让孩子养成自主学习的好习惯。

不懂就问，多问才能长知识

当老师向父母反馈：孩子性格内向，不敢主动和别人交流，特别是在课堂上没听懂的内容也从不去问老师，成绩下滑得很快……这时候，父母难免会产生焦虑的心理，心急地去督促孩子，从而忽略了孩子的感受，给孩子也造成了一定的心理压力。

多多，你这是怎么了？

我今天被老师批评了。

为什么呢？

我上课没听懂老师讲的内容，又不敢问老师，所以作业也没做好。

不就是问个问题吗，有什么不敢的？明天上学好好去问问。

随着孩子年龄的增长，他们问问题的积极性就会变低，有的孩子性格内向，不好意思向老师提问；有的孩子对老师有一种惧怕心理，不敢提问；还有的孩子觉得自己长大了，有些事情可以自己完成，不需要去向老师提问……这时，如果父母不顾孩子的想法就直接批评或者是嘲笑孩子胆小，就会让孩子觉得"爸妈一点儿都不了解我的感受""他们就喜欢别人家的孩子"，这不但不会起到好的效果，反而会给孩子带来一定的负能量。

如果想改变这种情况，父母就要学会与孩子共情，了解孩子的真实想法后，才能进行干预和引导。

每个父母都能保证自己年少的时候就是一个敢说敢问、外向大胆的孩子吗？不尽然吧。想一想，如果你是一个害羞的孩子，当你不敢向老师提问的时候，你的父母对你说一句："不懂你就去问哪，你怎么不知道去问呢？""不就是问个问题吗？这有啥好怕的。"你是不是觉得自己的压力更大，更不敢去问老师问题了？

答案是肯定的。相信每一个人被人指责和教育的时候心里都会不痛快，哪怕这些都是为了孩子好。比如每个父母都知道勤学好问的重

算了，我还是再想想吧。

这道题实在是太难了，我头都疼了，要不我们去问问老师吧。

要性，知道问问题就是一个梳理和扩展知识的过程，但是如果你不会用好的话术去引导孩子，那么就很有可能会起到反效果。孩子从这些语言中会解读出父母对自己的否定和不信任，从而失去信心。

时间久了，孩子就会变得更加内向，什么事都会闷在心里，更加不敢表达自己，甚至不愿与父母交流和沟通了。

聪明的父母会用引导的方式告诉孩子多问才能长知识，你可以试试这样的话术：

妈妈也不太理解这段话是什么意思，你明天可以帮妈妈问问老师吗?

当孩子不敢向别人提问时，父母一定要有耐心，用平和的语气来问一问孩子原因。如果是胆小的孩子，可以多给他一些锻炼的机会，

老师讲过了，可我还是没有理解。

妈妈也不太理解这段话是什么意思呢，你明天可以帮妈妈问问老师吗?

比如出游时，让孩子帮忙问问路线；放假的时候，让孩子邀请同学来家里玩儿；对于惧怕老师的孩子，可以让他当小小的"传声筒"，帮助家长问一些简单的事情，比如"下周是不是有实践活动？我们需要做些什么准备？""这道题妈妈也不知道这么做对不对，你明天可以帮妈妈问问老师吗？"通过这样的引导，让孩子克服问问题的心理障碍，同时还能让孩子清楚学习就是要不懂就问，多问才能长知识。

你如果多问老师问题，老师不但不会嘲笑你，还会很喜欢你呢。

我不敢去问老师问题，那样老师会觉得我没有好好听课。

其实你想错了，老师都喜欢好学好问的孩子呢，你如果多问老师问题，老师不但不会嘲笑你，还会很喜欢你呢。

有些孩子之所以不敢向老师提问，是因为他们害怕老师会批评他们，认为他们上课没有好好听讲，从而给老师留下一个坏印象。所以家长要把老师的心理明确地告知孩子："老师都喜欢问问题的孩子。""勤学好问可是一种美德呢。""放心吧，老师可不会嘲笑你，老师还会很喜欢你呢。"这样就可以让孩子知道老师对喜欢提问的孩子的看法，使得孩子敢于提出自己的问题。

反思总结，在错误中不断前行

父母在辅导孩子做作业时，会发现孩子经常出现同样的错误，无论父母强调了多少次，孩子的错误依旧会出现，于是，父母的情绪容易受到影响，很容易对孩子说出一些不合适的语言。

你看看这道题，已经错了好几次了，你怎么总是改不了哇！

我又做错了吗？

你怎么一点儿记性都不长，同样的错一犯再犯！

你的理由怎么那么多，就不能好好反思一下自己的问题吗？

我也不知道怎么回事，看着都会，一做就错。

孩子如果缺乏反思的能力，不善于总结学习内容，就会常常犯同样的错误。这就导致很多父母的情绪会受到很大的影响，使用强烈的带着指责和批评的语气要求孩子认识到这个问题的重要性，可是结果却是孩子非但没有重视自我反思，总结学习经验和错误，反而逃避父母的唠叨声，产生反感的情绪。

会出现这样的情况，原因就在于父母只顾用批评和指责的语气发泄自己的情绪，而没有站在孩子的角度，让孩子把注意力放在自己所犯的错误上。

想一想，当你听到"你看看你错多少次了，怎么就不知道改""你这样不知道反思总结，学习怎么会好""你觉得自己做得挺对的是吗？没有一点儿问题吗"这样的话时，你心里会不会烦躁，会不会有抵触情绪呢？

唉，我也是！怎么天下的妈妈都一个样！

我妈要求可高了，又得预习，又得复习，还得总结，我都快被烦死了！

相信每个孩子在被动地听着父母发泄情绪的语言时都不会很开心吧。尽管父母都知道不断总结反思才能不断进步，这是一种非常重要的学习方法，但是只用埋怨、指责、教育、批评的方式传递给孩子，那么就不能让他们真正从内心认识到总结反思的重要性，相反还会让孩子觉得父母眼中的自己是个不好好学习、总会犯错的孩子，无论自己怎么做，父母都不会认同。

你看看，让你平时多总结多反思，你都当耳旁风，换了个题型就又不会了，你让我说你什么好！

我……我不会做。

　　如果父母长时间这样批评孩子，那么就会挫伤孩子的自尊心和自信心，孩子对今后的生活、学习、为人处世都会呈现一种消沉的态度，不利于心理健康。

　　聪明的父母并不会一味地指责和教育，而是会采用引导的方式，帮助孩子认识到这个问题的重要性。

小·错误也不能轻视，认真反思才能避免哟。

你这孩子！小错误也不要轻视它，要认真反思总结，才能避免这些错误哟。

爸，你真是"眼观六路，耳听八方"啊，这么一点儿小错误都被你发现了！

当孩子因为缺少总结反思的能力而经常犯错误的时候，父母要用恰当的语言提醒孩子认识错误，同时还要引导孩子去思考在这些小错误的背后，是不是学习方法上出现了问题。可以说："常常反思自己的不足并改正，错误就会越来越少。""想让自己变得更好吗？那你就要从自我反思开始改变喽！""从自身寻找问题，你会发现很多事情会越来越简单呢。"这样的话术会在一定程度上减轻孩子的负担和压力，同时还会帮助孩子用他们容易接受的方式发现问题，并改正错误。

> 每个人每天都要反思一下，想想自己哪里做得不好，哪里做得好，做得好的保持，做得不好的改正，慢慢就会进步，你说对吗？

除了引导孩子自己发现问题以外，父母还可以给予一些耐心的指导，教会孩子反思总结的方法，让孩子学会发扬自己的优点，改正自己的缺点……这些都有利于孩子养成好的反思总结的习惯，帮助孩子在错误中不断前行，取得更大的进步。

没关系萌萌，这次没选上还有下次呢。

可以的。如果你每天都反思一下自己哪里做得好与不好，好的保持，不好的改正，慢慢就会进步，那么下次就一定会竞选上，你说对吗？

下次就能成功吗？

第四篇

孩子犯错了怎么办

在教育子女的过程中，很多父母最不想面对的情况就是孩子犯错了：上课开小差，逃学旷课，和有坏习惯的孩子交往……这时候的父母往往会非常生气，也会控制不住地用一些批评、指责的语言来教育孩子，希望孩子能"改邪归正"。可是却并没有起到好的效果，孩子依旧是错误不断。其实，对于孩子来说，他们无知无惧、想法单纯、分不清利害关系，并不能像成年人一样分辨是非，知道什么是该做的，什么是不该做的。而这个时候，父母的引导就至关重要了，父母不要用指责批评的口吻对孩子说教，而应该用温柔而坚定的态度，平静地告知孩子的错误，并且教给他们改正错误的方法。

逃学的乐乐

班主任告诉妈妈，乐乐下午没去上学，妈妈问乐乐怎么回事。

你们班主任打电话说你下午没去上学，你干吗去了？

乐乐低着头不吭声。

还不说是吧，是不是皮痒了想挨揍？

我和小明去网吧玩儿游戏了！

好好的学你不上，还去网吧玩儿游戏！

正在妈妈生气的时候，爸爸下班回来了。

看到乐乐求饶的模样，爸爸心软了，劝住了妈妈。妈妈冷静下来后，突然想到一个问题。

上课传纸条，循循善诱很关键

每个父母都希望孩子在学校里能认真听课，好好学习知识，可是有些孩子却不懂得遵守课堂秩序，上课传纸条、交头接耳，这让父母很苦恼。批评责备孩子吧，好像起不到什么好的效果；不管他吧，又无法让他认识到错误。到底该怎么办呢？

今天老师早起没梳头吧，像个鸟窝似的。

……

你不懂课堂纪律吗？课堂上是你传小纸条的地方吗？

传一次还不行啊！还议论老师，你上课太无聊了是吧？

我……我就传了一次。

当听到孩子上课传纸条不好好听课的时候，父母往往忍不住给孩子贴上一些负面标签：上课不专心，扰乱课堂秩序……带着这些想法，父母的指责忍不住就随之而来。而用这种强硬的方式来教育孩子，很容易让孩子反感。有的孩子会"左耳进，右耳出"，我行我素；有的孩子会觉得父母管得太多，与父母心生嫌隙；还有的孩子会直接和家长采取对抗的心理。

之所以会引起孩子的反感，究其根源，就是父母只知道责骂，而没有与孩子共情，想一想孩子为什么会出现这种情况。

相信每个父母在自己的学生时代都有上课时间给其他同学传纸条的经历吧，有时候是讲一些"八卦信息"，有时候是为了"考试作弊"……当你们因为这些行为被老师和父母批评的时候，你们心里除了尴尬、害怕、觉得丢脸以外，还会有些什么情绪呢？

是不是还会觉得有些"烦"呢：不就是传了个纸条吗，又不是什么大不了的事，这个批完那个批！真是烦死人了！其实，孩子也是这样的想法，不适合的话术，根本起不到教育孩子的目的。当孩子听到"上课传纸条，你是不是觉得这学没有必要上了""自己不好好听课，还去影响别人"这些语言时，往往会觉得父母不理解自己，只知道埋怨、指责，自己不能出一点儿差错，否则就被扣上"不好好学习""扰乱课堂秩序"等大帽子。

时间久了，孩子就会慢慢把自己的想法隐藏起来，甚至还会产生叛逆心理：你越是批评我，我就越要这样。

聪明的父母懂得理解孩子，当孩子上课传小纸条时，他们会这样说：

你是遇到了什么事，才给同学传小纸条的吗？

当孩子课堂上传小纸条的时候，父母一定要静下心来，问一问孩

子原因，听一听孩子的想法，看他们是因为老师讲课乏味而分心，还是想到了一件有趣的事想和朋友分享。不妨先用这样的话来让孩子对你敞开心扉："是不是课上坐不住了才给同学传小纸条的？""是因为老师讲课内容枯燥，觉得没有意思，才和同学传小纸条的吗？"找到了孩子分心的原因之后，多说一些理解孩子的语言，比如"我理解你的想法""我知道你是因为这个原因才传小纸条的"，先让孩子感受到自己被理解，之后你的教导他才会愿意听。

> 虽然可以理解，但这种行为会扰乱课堂秩序，不是对自己和他人负责的行为，你说对吗？

虽然可以理解，但这种行为会扰乱课堂秩序，不是对自己和他人负责的行为，你说对吗？

我只是想提醒小明拿掉头上的小纸片。

父母在了解了事情的前因后果之后，可以用引导的方式告诉孩子："课堂是学习的地方，不管什么时候，传递小纸条都是不应该的。""传递小纸条会扰乱课堂秩序，对自己和他人都不负责，你说对吗？"这样能促使孩子去思考上课该不该传小纸条，传小纸条对课堂秩序的危害等，帮助孩子认识到学习秩序的重要性。

旷课逃学，责任意识要明确

当父母一听到孩子旷课逃学的消息后，除了担心孩子的安全，就是对孩子旷课逃学这种行为非常愤怒。当孩子安全回家之后，父母就迫不及待地惩罚教育，可是，这种方式真的有用吗？

今天乐乐怎么没来上课呀？

他早上背着书包去上学了呀！

你逃课干什么去了？谁让你逃课的？

还不说是吧，你知不知道外面很危险，出了事怎么办？

我……
我……

当孩子旷课逃学之后，父母常常会忍不住对孩子进行教育：要么严厉地惩罚，要么苦口婆心地说教，要么居高临下地数落……可是，这样的话语往往容易引起孩子的反感，让孩子变得更加叛逆和厌学。

之所以会出现这样的情况，是因为父母把话术的重点都放在了质问和批评教育孩子上面，这些都是父母的想法，而不是孩子的想法。

想一想，当你做了一件事之后，有人不分青红皂白地埋怨、批评你，你的心里会好受吗？

答案当然是不会。不冷静和失去理智的批评本身就会让孩子觉得反感。孩子会觉得你凭什么说我，你什么都不知道就在那儿教训人，他会因此觉得沮丧、难过，觉得没有人理解自己，觉得自己在父母的眼里只会做坏事，不用说话就会被贴上"坏孩子"的标签。

时间久了，孩子会变得内向，不爱说话，常常把自己的情绪隐藏起来；或者学着父母的样子，一遇到事情，就指责、抱怨、不负责任。

孩子旷课逃学，其实就是自身的责任意识不够明确。父母要教会孩子这些，可以用这样的话术：

你逃课干吗去了？

你知不知道外面很危险，万一出点儿意外怎么办，这孩子怎么不知道让爸妈省心？

我……我就去学校门口小超市买了支笔。

妈妈知道你不是故意逃课的，能和妈妈说说是怎么回事吗？

其实，孩子还是有自己的是非观念的，他们也知道逃课不对，但是因为他们缺乏责任感，遇到事情就容易逃避。当孩子遇到挫折、怕被老师批评，或者是被欺负了、压力大、成绩差等，就会出现旷课逃

听说你今天逃课了，妈妈知道你肯定不是故意的，能和妈妈说说是怎么回事吗？

今天我和美美吵架，我太生气了，就逃学了。妈妈，我知道逃学不对，以后不会了。

学的情况。这个时候父母一定不要数落孩子，而应该耐心、平等地和孩子沟通，让孩子说出自己心里的想法，这样才能给孩子提供更好的帮助。

听老师说你逃课了，爸爸很担心你，能和爸爸说说是怎么回事吗？

当知道了孩子旷课逃学的原因之后，要帮助孩子树立正确的是非观念，引导孩子主动承担责任。对因为学习差而逃学的孩子，可以培养孩子某一方面的兴趣，帮助孩子建立成就感，可以用这样的话术："逃学解决不了问题，你球踢得那么好，是不是因为你努力了？所以学习上只要努力，也会有好成绩的。"对于因为被老师批评而逃学的孩子，为了帮助他化解和老师之间的矛盾，可以这样说："老师也是希望你能够变得更好，如果不批评你了，是不是就是放弃你、不管你了？所以一定要理解老师，不能靠逃学解决问题。"用鼓励和引导的方式帮助孩子明确责任意识，才能让孩子产生动力，知道学习的重要性。

听老师说你逃课了，爸爸很担心你，能和爸爸说说是怎么回事吗？

孩子，老师批评你，是因为他重视你，希望你能变得更好。如果你不喜欢这种方式，可以私下和老师说你的想法，这样老师也会尊重你，给你更多的支持。

今天老师批评我了，我心情不好，就逃学了。

产生矛盾，拳头不是解决问题的方法

孩子的成长不是一帆风顺的，在成长发育时期，总会和任性、叛逆相伴，还会因为缺乏冷静而出现打架的情况，这往往让父母头疼不已，忍不住责骂孩子，但是叛逆的孩子依旧如此，没有一点儿改变。

你敢动我一下试试看？

看我不揍你！

我不是和你说过在学校不许和同学打架吗？

你还敢犟嘴，我送你去学校是去打架的吗？你把我的话当耳旁风了？

是小明的错，不怨我！

对于参与打架的孩子来说，无论你是先挑起争执的一方，还是被动参与的一方，都会受到伤害。每个孩子都有自己打架的"理由"，都觉得自己是对的，应该被理解的，在他们这样的心理下，如果父母或者老师一张嘴就是责骂、批评，很容易让孩子感觉到委屈，从而激起他们的叛逆心理，并且为了坚持自己的主张变得更加具有攻击性。

孩子之所以会变本加厉，原因就是父母和孩子缺少沟通，没有站在孩子的立场去了解他们为什么采取打架的方式来解决问题。

回首过去，谁没有在青少年时期和同学发生过冲突？当你和别人打一架之后，觉得委屈想寻求父母安慰的时候，父母劈头盖脸给你一通责骂，你心里会感觉到舒服吗？

其实，别说是孩子，就是父母都会遇到忍不住想打架的情况。只不过是父母有理智，有责任感，清楚拳头不是解决问题的方法，而孩

> 不怨你？你打架没有？我送你去学校，是让你去学习还是让你去打架的？

> 今天这事不怨我……

子并不清楚这些，他们会觉得拳头就是解决问题的方式：说不清楚就把对方打服。而家长采取粗暴的训斥和质问，非但不能让孩子为打架这种行为进行反思，反而容易让父母和孩子之间的矛盾加大，引起各种冲突。孩子会觉得父母没有理解自己，自己的想法在父母那里也无关紧要。

时间久了，孩子会慢慢隐藏起自己内心的想法，变得更加叛逆，不好管教，遇到问题的时候还是想用拳头来解决。

> 唉！我可太惨了，被我妈追着骂了半个多小时！

> 你咋样，昨天打架的事，你妈知道了吗？

聪明的父母懂得通过理解和引导告诉孩子拳头不是解决问题的方法，他们会这样说：

看得出来你很不开心，能告诉我打架的原因吗？

当孩子出现打架的情况时，父母先不要急于对其进行批评教育，应该先对孩子的情绪表达理解，用温柔的语气和孩子沟通："你是不是不开心，妈妈也看出来了。""我知道你心情不好，不过你能说说是为

> 我今天和同学打架了。

> 看得出来你很不开心，那你能告诉妈妈为什么会和同学打架吗？

什么吗？"这样的话术可以让你与孩子在情感上得到共鸣，同时还能引导孩子在不断的表达过程中宣泄自己的负面情绪，让孩子平静下来。

> 我知道你的本意并不想打架，打架会伤害彼此，也无法解决问题。

妈妈知道你的本意并不想打架，打架会伤害彼此，也无法解决问题。你好好想想，如果以后再出现这样的事情该怎么办呢？

我会和别人好好商量，不会再打架了。

　　孩子情绪稳定之后，可以与孩子共同商量解决办法，引导孩子知道如何处理和同学的矛盾，如何克服不良情绪。比如，家长可以和孩子分析这次打架事件有没有更好的解决方式，然后引导孩子主动思考打架对解决问题并没有帮助，激发孩子独立思考的能力。

拉帮结伙，团结互助才是相处之道

对孩子来说，能交到亲密的朋友是好事，但是上升到拉帮结伙就不好了。拉帮结伙所组成的小团体特别排外，不允许其他人加入，甚至还会孤立其他人。所以当父母知道自己的孩子拉帮结伙的时候，就觉得孩子没把心思用在学习上，因此就对孩子进行压制和嘲讽。

谁让你不服从指挥呢，我们以后都不带你玩儿了。

我也想和你们一起玩儿。

呜呜呜……他们都不和我玩儿……

不玩儿刚好，还是好好学习吧。

是呀，学校就是学习的，又不是拉帮结伙的。

现实生活中，孩子们拉帮结伙是经常会出现的事情，很多父母知道孩子身处一个小团体的时候，第一反应就是不好好学习，扰乱学校秩序，孤立欺负弱小的同学……是一个非常不好的圈子。父母通常会大发雷霆，忙不迭地对孩子进行教育，让孩子把心思放在学习上。可是很多父母会发现，自己费了半天劲儿，劝说的话孩子是一句都没听到心里去。

孩子之所以听不进去父母的话，原因就是父母没有与孩子共情，没有站在孩子的角度去感受他们到底是出于什么原因才会拉帮结伙。

想一想，当你渴望得到别人的认可、缺乏安全感、被别人排挤的时候，是不是会迫切地想要加入某个团体，寻求别人的认同和理解呢？

答案当然是肯定的。即使拉帮结伙不利于学习，不利于同学之间的团结互助，但是父母不顾孩子的想法，一味对孩子的这种行为加以嘲讽和压制，就会让孩子觉得自己不被尊重和理解，孩子在反抗无用的情况下，只能压抑自己的真实想法和需求，变得沉默、"听话"。

但是这种"听话"并不是发自内心的。当孩子把负面情绪积累到一定程度之后，就会爆发出来，变得叛逆、暴躁，到时候父母会发现，孩子更难管教了。

聪明的父母在发现孩子拉帮结伙的时候会这样说：

> **听说你加入了一个小团体，有趣吗？平时都会做些什么？**

作为父母，我们无法控制小团体的存在，但是可以走入孩子的内心，看看孩子加入小团体背后的原因，了解他们都喜欢做些什么。可

听说你加入了一个小团体，有趣吗？平时都会做些什么？

当然有趣了，我们经常一起玩儿，可团结了。

以用这样的话术："我听说你是你们这个团体的小领导呢，你会带领大家一起学习，还是一起玩儿呢？""你们这个小团体有趣吗？小伙伴都是谁呀，大家在一起都喜欢做什么呢？"这些话术可以让孩子感受到父母的理解，愿意敞开心扉，和父母说一说心里话。

听说你参加了一个小团体，社交能力很强哟，不过不可以依靠小团体的力量欺负别的同学哟。

听说你加入了一个小团体，社交能力很强哟。

好朋友多是好事，不过妈妈觉得这样不好呢，毕竟学生还是要以学习为主，不可以依靠小团体的力量欺负别的同学哟。

那当然了，上次玲玲骂我，我们这个小团体的人都不理她了。

　　了解了孩子拉帮结伙的深层原因之后，父母可以告诉孩子，每个人都是平等的，不能排挤别人、打击别人，不要以貌取人，要引导孩子尊重别人、理解别人，明白团结互助才是健康人际关系的基础。

孤立欺凌他人，原则性问题要慎重

近些年，会出现个别校园欺凌事件，引发社会关注，也成为孩子成长过程中引发父母担忧的事情。那么，面对这些不谙世事的孩子，家长该怎样教育才能避免这种情况呢？

　　有的孩子因为长期欺负别人而使得内心获得了极大的满足，对同学缺少同情心，成了班里的"小霸王"，成了父母和老师眼中让人头疼的孩子。这个时候，如果父母还采取压制和打骂的方式来迫使孩子改变，其结果必然是适得其反。

　　孩子之所以会出现欺凌别人的情况，原因还得归结于家庭教育，父母没有理解孩子、认同孩子，没有认真分析出现问题事件背后的真正原因。

　　想一想，作为父母的你，是否会对孩子大声责骂？遇事不分青红皂白就怪罪到孩子头上？或者是对孩子极度宠溺，把孩子养成"不知天高地厚"的性格？

　　经常被父母责骂的孩子，很容易产生自我怀疑，觉得自己是父母眼中的"坏孩子"，既然都是父母眼中的"坏孩子"了，那还不如一坏到底。他们往往会仗着自己的优势，比如身高、家庭条件等去欺负他人，通过这种方式获得内心的满足感和成就感。这个时候，父母就要及时反思自己的过错并改正，还要同时对孩子进行心理疏导。

　　否则，孩子以后会更加难以控制自己的情绪，变得更加霸道，从

> 你是地痞流氓吗？明天就给你抓派出所去！

> 我想怎样就怎样，不用你管！

而造成更加严重的后果。

聪明的父母懂得教会孩子原则性的错不能犯，他们会这样说：

我知道你有自己的想法，但是这样的行为是不对的。

很多孩子可能并没有欺凌的意识，他们只是觉得：我又没有打别人，不过就是给同学起了个外号，让我几个好朋友和我一起不跟他玩儿而已。其实，这个时候父母要明确地告诉孩子，不管任何性质的欺凌和暴力行为都是不对的，用"有自己的想法是可以理解的，但是你

> 我知道你可能因为同学的缺点不喜欢他，但是这个想法可以放在心里，不能和其他同学一起去孤立他，这样的行为是不对的。

> 我最不喜欢乔乔了，他总是傻乎乎的，现在我们班里的同学都不理他。

的这种做法是不对的""你想想如果你是 ××，你心里会是什么感受"
这样的话术来告诉孩子孤立欺凌他人的危害：对于受害者来说，会造
成身体和心理的伤害；对于旁观者来说，也会有内疚、不安的情绪；
对于实施欺凌行为的人来说，轻者被警告、教育，重者还会触犯校规
校纪甚至是法律。

班里有什么有趣的事情吗？

父母平时要经常通过提问来了解孩子在学校的交友情况，可以从
侧面了解孩子有没有给别人起外号，有没有出现欺负别人的事情，通
过这种形式了解孩子在学校是如何和同学交往的，这样才能知道孩子
内心的想法，进而积极引导孩子形成健康的社交思想，让孩子知道原
则性的问题一定要慎重。

班里有什么有
趣的事情吗？

如果你是龙龙，
知道别人笑话自
己，心里会不会
难受呢？

龙龙把头发剃
光了，大家背
后都偷偷地笑
话他呢。

第五篇

辅导作业有妙招儿

所谓"不写作业母慈子孝，一写作业鸡飞狗跳"，父母常常因为给孩子辅导作业这件事被气得心跳加速，血压飙升。写个作业磨磨蹭蹭，知识点一问三不知，甚至一道题给他讲了五六遍，却还是睁着一双无辜的大眼睛看着你。每到这个时候，父母都很难控制住自己的情绪，说出一些粗暴、消极的语言，而这些语言，又不可避免地伤害到孩子幼小的心灵，最后弄得双方都有一肚子怨气。其实对于孩子来说，他们想法简单，喜欢玩乐，根本不清楚作业对自己的重要意义，这时候，父母不妨站在孩子的角度，多用一些孩子容易接受的语言和方法去帮助和引导他们，让他们真正认识到写作业的重要性。

妈妈，你需要看心理医生

妈妈检查乐乐的作业，发现一道错题。

战术性上厕所，逃避不能解决问题

很多孩子一到写作业的时间，就开始"多动"起来。一会儿要上厕所，一会儿要喝水，一会儿发呆，一会儿去玩儿下玩具，就是静不下心来。遇到这种情况，父母总是忍不住要发火。责骂批评吧，会导致亲子之间产生隔阂；不管吧，这种行为又确实影响学习。那么，父母到底该怎么办呢？

你快点儿给我坐下来写作业，不写完作业不许睡觉……当孩子用各种借口逃避写作业的时候，很多父母都会忍不住这样对孩子大声责骂。在父母眼中，孩子只要逃避写作业，不好好学习，就是不对的。而孩子呢，在听完父母这样的语言后，要么就是不情不愿地坐在书桌前写作业，要么就激起自己的叛逆心理，变得更难管教。

之所以会出现这样的情况，原因很简单，那就是父母只依靠自己的威严去要求孩子，而没有关注到孩子逃避写作业背后的原因。

想一想，当你因为压力大、精神紧张，不想去做一件事情的时候，身边的人不管你的想法，大声责骂你，要求你立刻去做这件事，听到这样的语言，你心里会觉得舒服吗？

这都几点了，你怎么还没写完作业？

一写作业，这事那事就都来了。告诉你，不写完作业不许睡觉！

答案当然是否定的。这样强制性的语言会让孩子感受到更大的压力，产生不被父母理解的感受。孩子逃避写作业的背后，或许是因为有抵触心理，或许是有心理压力，又或许精神状态不好，注意力无法集中……这个时候如果没有得到理解和聆听，而是冷冰冰地责骂和教育，那么孩子就会觉得父母根本不想理解自己，也会觉得自己在父母面前只能按照他们的想法做事情，不能有一点点自己的想法。

妈，我还想上厕所。

怎么又去，这都几次了，我看你根本就不是想上厕所，就是逃避！你给我坐下来写作业！

时间久了，孩子就不再和你进行任何的沟通，变得叛逆。对你的话充耳不闻，不管对错，凡事只靠自己的想法做事，或者是父母给予的任务，都用消极的态度去对待。

睿智的父母懂得站在孩子的角度分析问题，当孩子逃避写作业的时候，他们会这样说：

怎么总是写作业的时候去厕所呢？是作业太难了吗？

当孩子用频繁上厕所来逃避写作业的时候，父母一定要控制住脾气，耐心和孩子沟通一下，了解他们的想法。父母可以用这样的话术：

这题太难了，我一做不出来就想上厕所……

怎么总是写作业的时候去厕所呢？是作业太难了吗？

"你打算什么时间开始写作业呢？""是不是作业太难了？""妈妈在旁边陪你，遇到问题可以随时向我求助哟！"这样，父母就可以很快找到孩子逃避写作业的原因，让孩子感受到你的关注、理解和帮助，这样孩子写作业的积极性自然就会提高。

作业写不完，会受老师批评的。

父母可以巧妙地借助话术，来教会孩子要为自己的行为承担后果。家长可以用"你可以选择今天晚睡完成作业，也可以选择明天向老师解释，你自己拿主意吧""作业写不完，会受老师批评的，你愿意被老师批评吗"这样的话术，让孩子认识到时间的紧迫性，同时也让孩子明白要为自己的行为承担后果，明白学习才是自己目前阶段最重要的事。

> 蓬蓬，作业写不完，会受老师批评的，我们再看十分钟电视就去写作业，好吗？

> 好的爸爸，我一会儿就去写。

总在同一个地方出错，"纠错本"要重视

父母在辅导孩子作业的时候，经常会发现同一个地方孩子反复出错的情况。同一个知识点，同一道题，甚至是同一个错误点，无论父母强调多少次，还是一错再错……这个时候，父母的情绪就会受到很大的影响，说出一些让孩子感到难过的语言。

当孩子屡次犯错的时候，很多父母会做出一些无效的事情，比如情绪失控、强烈指责、喋喋不休……用这样的说教方式，希望孩子认识到自己的错误。殊不知，这种方式却适得其反，孩子听到这样的语言后，往往会感觉到恐慌、紧张，他们会不由自主地关注父母的情绪，而忽略了自己所犯的错误。

之所以会出现这样的情况，究其原因，就是父母只顾发泄自己的情绪，而忽略了孩子常犯同样错误的原因。

想一想：当你觉得知识点太难、理解不透彻、不想去反思某件事，或者是为了摆脱某种状态不懂装懂的时候，是不是也会出现一错再错的情况？

说她多少次了，还改不过来。等我回去好好批评她。

萌萌最近上课总是说话，影响课堂秩序。

答案是肯定的。指责、批评看似是对孩子好，但其实会让孩子产生父母一点儿都不理解自己的感受。比如，反复指导多次，但是孩子还是没有理解这个知识点，又害怕父母批评，所以匆忙地写上了一个答案。这个时候，父母看到错误答案对他严厉批评，觉得孩子不用心，这样就会让孩子更加害怕，哪里还顾得上去好好记住这个知识点！

这种情况持续时间久了，孩子的反抗和厌倦情绪就会被激发出来，以后很可能还会犯同样的错误。

聪明的父母知道犯错的孩子需要的绝不是教训，而是帮助和引不是和你说过很多次吗，自己的东西自己要放好，看看，这又找不到了吧！

妈妈，我的拼图找不到了。

导，他们会这样说：

这样的错误不能总犯，我们一起来找找原因好吗？

父母在遇到孩子反复犯错的时候，一定要先控制住自己的情绪，再运用能让孩子接受的话术来引导分析错误，并和他一起解决问题。可以用这样的话术："这类问题你总是犯错，是因为没有看清题目的意

就差一分，我就得满分了！

妈妈知道你很难过，我刚看了你的卷子，这道题之前就做错过，这次又错了。这样的错误不能总犯，我们一起来找找原因好吗？

思就着急动笔回答吗？""经常在这里出错，是因为不懂知识点还是因为粗心呢？"这样的话术能帮助孩子把焦点放在错误本身上，孩子自然也就听得进去，容易改正了。

> **妈妈陪你一起把这些错误都记录到"纠错本"上吧，经常复习就不会错了。**

我很努力了，可还是记不住。

妈妈能感觉到你的努力，那我们来想想办法吧。不如我们把错题都记录到"纠错本"上，经常复习就不会错了。

　　父母除了要理解和引导孩子重视反复出错这个问题之外，还要教会孩子一些好的学习方法，帮助其改正错误。比如可以准备一个"纠错本"，和孩子一起把错题都记录上去，经常翻看。父母可以经常引导和提醒孩子丰富"纠错本"，让孩子明白对待错题的态度是减少错题的关键，从而改掉马马虎虎的坏习惯，养成好的学习习惯。

照搬答案不思考，这样学习很危险

很多父母会抱怨：孩子学习时不爱思考，总是别人说什么就做什么，完全不懂得思考变通。父母每每遇到这样的情况，常常会忍不住对孩子进行嘲讽和挖苦，希望孩子听进去，从而改掉这种不正确的学习态度，可是结果却往往事与愿违。

　　当孩子出现照搬答案、缺乏思考的现象时，父母往往会觉得哭笑不得，忍不住讽刺、挖苦一下。在父母眼中，孩子出现这种情况的原因并不重要，甚至不值一提。殊不知，在听完父母的嘲讽后，孩子不思考的学习态度并不会得到改变，反而变得对什么事都没有积极性了。

　　会出现这种情况，最基本的原因就是父母没有站在孩子的角度去想问题：孩子会出现思维僵化、不思考背后的原因。

　　是因为父母管教过度，还是孩子缺乏想象力、创造力，又或者是孩子认知有限，思维单一，没有主见？

不了解孩子思维僵化、不懂得变通的内在原因，就急于去用语言嘲讽和挖苦孩子，这种行为本身就是在打消孩子的积极性，孩子会觉得自己很笨，什么都做不好，觉得自己在父母面前不能有自己的想法，也不能说出自己的想法，否则就会受到父母的嘲讽和打击，甚至还会学着父母的样子，用嘲讽和挖苦的方式对待别人。

时间久了，亲子关系也必然受到影响，孩子变得不信任自己的父母，甚至会产生一些厌恶和恐惧的心理，不愿意与父母有过多的交流。

聪明的父母懂得借助引导的话术让孩子敞开心扉，改掉学习不思考的坏习惯，他们会这样说：

> **这道题并不是只有一种解题方法哟，你可以找找其他的方法。**

那我好好想想。

这道题并不是只有一种解题方法哟，你可以找找其他的方法。

当孩子出现照搬问题、不思考的情况时，父母首先要冷静下来，先从自身找找原因，看看是不是对孩子管教太严，让孩子不敢表达看法；或者平时遇到事情父母总是喜欢帮助孩子解决，让孩子养成了不动脑筋的习惯。如果是父母的问题，就要积极改正；如果是孩子的问题，就要借助话术寻找孩子思维僵化、不思考的原因。可以这样引导：

"你试试如果简化一些步骤，是不是也可以得到正确答案呢？""我觉得这道题还有更简单的解题方法呢，你要不要试一试？"父母的帮助和引导可以让孩子对学习有更深层次的理解：学习不只是一味地看和写，也是需要思考的。

你觉得这道题做得对吗？

对于孩子来说，你越给他安排事情或对他要求太多，他就越和你对抗，越不操心。因此，父母不妨转变思路，用提问的方式引导孩子主动进行思考，可以用这样的话术："你觉得这道题做得对吗？""你把这道题的解题思路给我讲讲。""你今天的学习计划是什么呀？给我讲讲吧。"用这样的方式，孩子会有一种被尊重的感觉，就愿意和父母说一说自己的想法，时间久了，逐渐就会养成主动思考、给自己制订计划的好习惯。

粗心大意不仔细，培养耐心很关键

当父母在给孩子检查作业的时候，常常会被孩子练习册上接二连三出现的错误气得浑身发抖。这些都是显而易见的错误，有时候是一个错别字，有时候是一个小标点……父母都不明白：为什么孩子写作业的时候，不能细心一点儿呢？

你这粗心的毛病什么时候能改？

哎呀……我少写了两道题。

你看看你这作业，错误一大堆，我看你就是故意气我吧？

我说多少次了，要细心一点儿，你怎么总当耳旁风呢？

……

当孩子因为粗心大意而犯错的时候，父母总是忍不住用指责和批评的语气和孩子沟通。而孩子听到父母的责备，会忽视事情本身，而把关注点放在父母的情绪上，他们会产生这样的感受："大错要挨批，小错也要挨批。""父母要求太多了！我可做不到。"所以，当父母借助小错误希望孩子培养耐心、认真仔细的学习习惯时，千万不要因为生气而失去了帮助孩子改正错误的好机会。

孩子之所以会有这样的感受，其原因就是父母没有站在孩子的角度分析孩子粗心的根本原因。

相信谁都会有因为粗心而犯错的时候，当你正因为犯了一个错误不知所措时，旁边的人给你一句："为什么会犯这样的错误？不能仔细一点儿吗？""你犯的这个错误给别人带来多大的麻烦！"这时候，你心里会觉得舒服吗？

你心里肯定会觉得不舒服吧。同样的，这样的话术对孩子来说是一种否定，它会让孩子觉得自己不被父母理解，觉得父母对自己太过苛责，一点儿小事都会大声责骂；觉得自己无论怎么做，都无法达到父母的要求。这样的方式不但不能让孩子改掉粗心的毛病，反而让孩子产生了放弃的心理。

> 一道、两道、三道……这几道题都错了！你就知道看动画片，就不知道好好检查检查吗？

> 妈，你赶紧检查吧，我要看动画片了。

时间久了，孩子会觉得自己无论怎么努力，都得不到父母的认可，从而变得消极、自卑，不敢主动去做事情，更不会好好地听父母的话了。

聪明的父母懂得站在孩子的角度分析其粗心的原因，他们会这样引导：

这几道题做错了，能说说为什么错吗？

> 这几道题做错了，你能说说为什么会错吗？

> 都是我太粗心了。

父母都知道，粗心大意会带来很多不好的结果，所以，当出现这些问题的时候，一定不要用发脾气的方式让孩子注意，而应该通过引导的方式了解孩子粗心的原因，并帮助其改正。有些孩子着急做完事情，行动上就会敷衍，这样的孩子要着重培养其耐心，父母可以这么说："你也想赶紧写完作业出去玩儿吧？越是这时候越要有耐心，要不就容易出错了。"有些孩子状态不好，精神不集中，父母可以这么说："最近是不是学习太累了？"有些孩子没有认识到粗心带来的危害，父母可以这么说："粗心大意的毛病可要不得，现在粗心会做错题，以后粗心就会做错事，带来不可弥补的过失。"

相信你一定能改掉粗心的毛病。

父母不妨让孩子体验一下粗心大意带来的后果，比如作业写得不好被老师批评，忘记带课本无法好好上课……然后再用鼓励的语气告诉孩子："我相信你一定能改掉粗心的毛病。""妈妈一直觉得你是一个耐心细致的好孩子，只不过最近学习有点儿累，所以有点儿粗心大意了，对吗？"这样的话术会帮助孩子建立信心，更愿意吸取教训，听从父母的话，改掉粗心大意的毛病。

你能找到自己的问题，这点很棒！我相信你以后一定能改掉粗心的毛病。

都怪我太粗心了，导致这次考试没考好。

难题并不可怕，勇敢面对就能解决它

在辅导孩子写作业的过程中，父母会发现孩子一遇到难题就害怕。有的孩子越着急越做不出来，即便用了很长时间去解答，还是做得乱七八糟；有的孩子一遇到难题就求助父母，写一次作业往往要求助无数次，这让父母很头疼。

怎么了？题不会做了？

做不出来呀！这题也太难了！

妈……紧急求助，这道题我不会写。

哪一道？我给你讲。

终于解出来了。不过还有这道，这道……我也不会。

你怎么都不会呀？每次写作业都要依靠爸妈帮助，能不能让我们省点儿心？

现实生活中，当孩子遇到难题着急、紧张的时候，父母总是忍不住跟着着急，有时候还会用不耐烦和着急的口气去批评孩子，认为孩子没有好好听课，没有认真复习，没有把知识学牢固……可是，当孩子听到这样的批评之后，本就紧张着急的情绪就会进一步放大，变得更加不知道该如何去面对难题了。

出现这种情况，原因很简单，那就是父母没有和孩子共情，没有站在孩子的立场去感受他们为什么遇到难题就会害怕。

先不说孩子，就算是成年人，也会有这样的时候：当你还有一大堆工作要做的时候，你总想着快点儿完成，反而无法正常思考；当你遇到一个难题，但是领导给你的时间严重不足时，如果你听到的只有埋怨和指责，你心里会觉得好受吗？

着急有什么用，做不出来怪谁？还不是你没好好学。

这道题做不出来，怎么办哪？

想必谁听到这样的语言都会觉得难受吧。父母看似在为孩子着急，实际上只是在表达自己的情绪，这样的语言会让孩子有一种不被理解的感受。当孩子作业多，越着急越写不出来的时候；当孩子以为自己听懂了，但是做题的时候才发现没理解透彻；当孩子思维僵化，不会把学习的内容举一反三的时候……如果父母在这些时候对孩子表达出着急和不耐烦的情绪，就会让孩子陷入深深的自我怀疑中，觉得自己再难还不是老师讲过的内容？上课没听懂还不赶紧问，弄得现在也不会。

这道题太难了，我做不出来。

是不是真的很笨，真的就学不会呢？

父母这样的语言，还会增加孩子的挫败感，使其产生消极的情绪，以后再遇到难题的时候，就更加不知所措了。

聪明的父母懂得在孩子遇到难题的时候进行安慰，他们通常会用这样的话术：

时间很充裕，别着急，放轻松，你会解答出来的。

这谁出的题呀？怎么算都算不出来。

那我再试试吧。

时间还很充裕，别着急，放轻松，你会解答出来的。

当孩子遇到难题的时候，如果父母能够放下自身紧张、急躁的心态，予以贴心的安慰，就能极大地缓解孩子的紧张情绪。家长可以用"今天先把会做的题目做好，先去休息，等明天精力充沛的时候就会做出来的""时间还很充裕，放轻松，好好想想老师怎么讲的，我相信你会解答出来的"这样的语言让孩子感觉受温暖的同时，还能给予他们积极的力量，让他们安下心来，用自己学到的知识和自己的思考，一步步地化解难题。

> **这道题是有点儿难，别着急，我们一起来想想有什么解题方法。**

我看看。嗯，这道题是有点儿难，别着急，我们一起来想想有什么解题方法。

爸,这题太难了,我做了好久都没做出来。

紧张和畏惧的心态会让孩子失去解决难题的勇气和信心，这时候父母一定要借助孩子的求助机会，用平和的话术去引导孩子勇敢、积极应对难题。父母可以引导孩子转变解题思路，灵活运用所学知识，帮助孩子掌握解决难题的方法，这样就可以培养和提升孩子独立思考、勇于面对问题和解决问题的能力。

第六篇

校园交往很重要

随着孩子的长大，父母发现孩子在校园交往过程中会出现各种各样的问题，比如：和同学发生冲突，相互攀比，喜欢自以为是等。当父母发现这些问题的时候，都会非常着急，经常用一些过激的语言干预甚至约束孩子，结果却引起孩子的叛逆心理。其实对于孩子来说，他们热情，有活力，并不喜欢父母没有界限的管教，而是希望借助自己的眼睛和感受去感知环境，建立自己的社交圈子。这时候父母一定要理解孩子，站在孩子的角度帮助和引导他们建立积极、有意义的社交圈子。

和好朋友吵架了

放学回家后，萌萌把书包往床上一扔就坐在一旁生闷气。

哎呀！好疼！

爸爸坐在了萌萌旁边，关心地看着萌萌。

萌萌，今天怎么看着不太开心哪？出什么事了吗？

我今天和美美吵架了。

为什么呀？你们不是好朋友吗？

是好朋友没错，不过她也太矫情了！

怎么说呢？

她今天说要请我吃棒棒糖，我们就一起去了小超市。到付款的时候，她就在那儿掏兜，磨磨叽叽地掏了半天。

爸爸看着萌萌，用眼神示意她往下说。

我看她半天也没掏出钱来，于是我就说："算了，我掏吧。"

那多不好意思呀！

有什么不好意思的，我们是好朋友。

然后呢？

然后我就把手伸到她兜里，帮她掏出来了。

老师是指路明灯，尊敬老师很重要

俗话说："老师是每一个人的指路明灯。"孩子从小受到的教育就是要懂礼貌，尊敬老师。可是对于有些孩子来说，他们和老师的关系却相处得不太好，父母这个时候应该怎样引导孩子呢？

哎哟……你又发什么脾气！

气死我了！

上课时同学和我说话，老师非说是我先说的，不分青红皂白就批了我一顿。这老师太讨厌了！

我还以为什么大事呢，和老师说清楚不就行了？

不是教过你要尊重老师吗？哪能背后这么说老师！

　　现实生活中，当孩子和老师关系相处不融洽的时候，父母常常会严厉地要求孩子尊重老师。在父母眼中，孩子和老师相处不好的原因常常是被忽视的。而孩子呢，往往在听完父母的"尊重老师"的要求后，情绪没有得到一点儿缓解，反而会更加讨厌老师了。

　　会出现这种情况，很大一部分原因就是父母没有站在孩子的立场上去考虑他们为什么讨厌老师。

　　想一想，如果你被老师误解了，或者就是不喜欢老师的穿衣、习惯、语言……如果这个时候，父母只要求你"尊重老师"，别的一概不闻不问，那么你会听从吗？

　　答案当然是不。"要尊重老师"这句简单的话，听到孩子的耳朵里，或许就成了不被父母理解，只被要求的否定句，它让孩子产生不被父

　　母理解的感受。当孩子和老师之间出现问题的时候，父母只会说一句"要尊重老师"，那么孩子就会觉得父母根本不考虑自己的感受，同时也就觉得在父母面前，自己只能服从，不能有自己的想法。

　　时间久了，孩子的身心都会产生一定的消极影响。孩子会把自己的心思都隐藏起来，不再向父母吐露半分；和老师的关系也不会有好的改善；同时孩子还会变得内向，态度冷漠，对任何事都不再有热

你们这也太不尊重老师了，以后不许叫了！

班主任太严格了，我们背后都叫她"灭绝师太"。

情了。

真正有智慧的父母，知道孩子和老师关系不好时，会站在孩子的角度，这样引导孩子：

老师也是普通人，他们也会犯错误，作为学生也要理解这一点。

当孩子和老师发生矛盾的时候，父母一定不要盲目和孩子一起去

老师也是个普通人，也会犯错误，你作为学生要理解这一点，明天向老师解释清楚就好了。

不是我的错也要怪我，老师是不是看我不顺眼？

指责老师，也不要上来就对孩子大肆批评，一定要聆听孩子内心的想法，然后告诉孩子：老师也是个普通人，也有优点和缺点；不要因为老师一句批评就不高兴，就对老师有看法，从不喜欢老师变成不喜欢学习；要理解老师，这才是真正的尊重老师。

你觉得怎样做才是尊重老师呢？

有些孩子并不知道什么才是"尊重老师"，他们可能比较自我，觉得好玩儿，于是给老师起外号；上课不好好听讲，作业不好好完成……对于这样的孩子，父母平时就要多和其沟通，问一问孩子眼中什么才是尊重，当发现孩子有不尊重老师的言行的时候，一定要及时给予引导、批评、教育，让孩子真正从内心认识到：尊重老师很重要。

你觉得这位同学的做法对吗？你觉得怎么做才是尊重老师的表现呢？

他总是顶撞老师，还背地里嘲讽老师……

同学争吵在所难免，学会化解有妙招儿

在孩子的社交过程中，难免会出现与同学发生争吵的事情，这就是一件非常平常的事情。

很多父母习惯用自己的经验和教训来指责、质问孩子，其实，这样的做法不但不能解决问题，反而使得本来简单的事情复杂化了。

当孩子和同学争吵的时候，很多父母都会教育孩子，选择用一句"一点儿小事，不至于"来安慰孩子。在父母眼中，那些让孩子觉得难过、生气的原因都是微乎其微的，甚至是不该有的。在听完父母的"安慰"后，孩子会觉得难过，觉得父母不理解他，甚至表现得很不耐烦，不想再听父母的唠叨。

为什么会出现这种情况呢？原因很简单，那就是父母没有和孩子建立平等的沟通条件，没有站在孩子的立场去感受他和同学吵架的原因。

想一想，如果你在工作中和同事发生了争执，领导不分青红皂白就对你一顿数落，你心里会好受吗？

答案当然是否定的。父母盲目地指责和教育始终不会拉近亲子关系，反而会让孩子产生在父母那里自己的想法无关紧要的感觉。他会觉得父母就是喜欢在自己面前摆出高高在上的姿态，只会强调吵架不对、不能吵架，甚至是埋怨自己吵架、质问自己为什么会吵架。即便

> 这事都怪
> 蓬蓬，是
> 他的错!

> 天天跟你说要
> 和同学好好相
> 处，你怎么就
> 听不进去呢?

这些语言的出发点是为了孩子好，但是并没有建立平等的沟通条件，反而会让孩子觉得父母唠叨、啰唆，甚至会感觉到厌烦。

长此以往，孩子会逐渐隐藏起自己的情绪，不再和父母说学校的事情，甚至会学着父母的样子，在看到父母或同学间出现矛盾的时候，冷冰冰地来上一句："吵什么吵，有什么大不了的。"

聪明的父母懂得用温暖的话术引导孩子认识问题，解决问题，他们会这样说:

你说说为什么吵架，我们帮你评评理。

> 我今天没考好，
> 美美说我笨，
> 我一气之下就
> 和她吵起来了。

> 你说说为什
> 么吵架，我
> 帮你评评理。

当父母知道孩子和同学争吵时，一定不要着急，首先要去了解孩子争吵的原因，看看是因为不懂分享合作引起的，还是语言表达方面出现了问题，又或者是孩子们在意见上产生了分歧。这时候父母就可以用"你能说说和朋友之间发生了什么事吗""你说说为什么吵架，我们帮你评评理"这样的话术来分析孩子发生争吵的原因，然后才能更好地引导孩子学会用语言合理地表达自己的想法和意见，从而主动避免和同学争吵的情况再次出现。

你觉得这件事除了吵架以外，还有什么解决的方法吗？

知道了孩子争吵背后的原因，父母要主动去创建一个温暖、平等的对话氛围，引导孩子对吵架这件事进行更深层次的思考，帮助厘清吵架的原因，尝试更多解决的方法，可以说："你觉得这件事除了吵架以外，还有没有什么好的解决方法呢？""吵架是一种不好的行为，双方都会受到伤害，我希望你能选择更友好的方式去处理问题。"从而帮助孩子拓展解决问题的思路，让孩子学会用理性、友好的方式去解决问题。

当你们出现问题的时候，你觉得除了吵架，还有什么解决方法吗？

当时我应该好好跟她说，不应该嘲笑她。

杜绝攀比心态，友爱同学才融洽

　　孩子在社交过程中，常常会出现和同学攀比的情况，别人有什么，自己也要有什么。每当孩子追着父母要买一些不合实际或者用不上的东西时，父母常常会觉得很无奈，甚至是生气。给孩子买吧，会助长攀比心；不给孩子买吧，又会影响亲子关系。那么作为父母，究竟该怎么办呢？

哎呀……这球鞋不错呀！

这可是新款，好看吧？

爸妈挣钱不容易，你得懂事，不需要的东西就别买了。

妈，我真的很喜欢，那双鞋穿着可帅了，给我买一双吧。

现实生活中，当孩子出现了攀比心态的时候，父母往往会为了制止他们这种行为，直接对孩子进行说教和指责。至于孩子的想法和感受，他们觉得无关紧要，不值一提。然而，在听完父母的批评教育后，孩子的购买念头不仅没有被打消，反而会和父母之间出现隔阂，亲子沟通受阻，同时孩子的叛逆心理也会被激起。

为什么会出现这种情况呢？原因很简单，那就是父母没有理解孩子，没有站在孩子的立场想他们和别人攀比背后的原因。

想一想，孩子是不是想要在社交中得到别人的认同才要进行攀比？或者是父母本身就总是把孩子和别人家的孩子进行比较，让孩子也形成了攀比心？又或是孩子从攀比之中才能感受到自信？

妈妈，同学们都有新手机了，你也给我买一个吧。

同学有你就得买呀！那同学考第一名你咋不考呢？好的不比，天天比些没用的。

父母不知道孩子喜欢攀比背后的真正原因，就不能让孩子产生被理解的感受，孩子就会与父母产生隔阂。比如，当孩子班里每人都有一双白色球鞋，而就他自己没有的时候，他就会觉得自己没有融入班集体，会被别的同学嘲笑。这时他买球鞋的要求又被拒绝，同时还被批评，那么孩子不仅会觉得父母没有理解自己，同时还觉得在父母面前，自己无论说什么、做什么都是不对的，都是要被父母指责的。

这样的方式不仅不能打消孩子的攀比心态，反而会让孩子堆积越美美的新裙子可漂亮了，我也想要一条。

你多少裙子了，还要买？我没钱，你自己赚钱买吧。

来越多的负面情绪，产生叛逆心理，对孩子的身心健康更加不利。

聪明的父母懂得理解孩子，并能用温暖的语言引导，当孩子产生攀比心态的时候，他们会这样说：

我觉得这个东西对你来说并不是那么重要，你好好想想，你真的需要它吗？

对于受父母影响而喜欢攀比的孩子来说，父母从现在开始就要用平常心对待孩子，对孩子多一些理解和关注，不要总是用别人家的

蓬蓬，我们家离学校很近，走路几分钟就到了，自行车对你来说并不是很重要，你好好想想自己真的需要吗？

妈妈，我也想买辆自行车上下学。

孩子来打击他们；对于企图从攀比中获得优越感或者自信心的孩子来说，父母可以用提问的方式把孩子的注意力从买不买某件东西，转移到买这个东西会产生什么样的后果，自己是否真的需要等；而对于害怕自己和别人不一样，为了获得集体认可的攀比的孩子，家长也可以用引导的方式告诉孩子想要获得别人的认可，并不是靠一件衣服、一双鞋就可以，而是需要你有强大的内心，会关心、爱护、帮助身边的同学，这样才能和同学相处得更加融洽。

> 我觉得和别人攀比自己也会不开心，你不妨和自己比较，把今天的自己和昨天的自己比较，看看有没有进步。

爸爸，我也想要新衣服、新文具……

爸爸觉得和别人攀比自己也会不开心，你不如和自己比较，把今天的自己和昨天的自己比较，看看有没有进步。

从心理学研究来说，孩子之间的攀比无非是想证明自己比别人强。这时候，父母应该用引导的方式，转移孩子攀比的焦点，把攀比这种阻力转化为动力，把攀比的焦点转移到丰富孩子的学识、强大孩子的内心、形成良好的行为习惯上。通过这种方式，让孩子知道每个人都是独立的个体，都有自己的优缺点，从而帮助孩子树立正确的价值观，认识到自己内心真正需要的是什么。

分享是种美德，别让自私左右你

分享，是中华民族的传统美德，也是非常重要的社交能力之一，每位父母都希望自己的孩子是一个慷慨大方、乐于分享的人。可是有的孩子却表现得非常自私和小气，这就让父母非常头疼，不知道该如何教育孩子。

萌萌今天表现得真棒！奖励你一包饼干。

谢谢老师。

哇……妈妈，姐姐不给我吃……

给妹妹吃一块怎么了，你也太小气了，小心以后别人也不把东西分享给你。

这是老师奖励给我的，你不许吃！

"小气""自私""别人也不给你分享"……当父母在一气之下说出这样的语言时，就是给孩子贴上了各种负面标签。这些标签会极大地伤害孩子的自尊心，让孩子因为不被父母理解而感到难过。不仅如此，还会使得孩子不愿意分享的行为变本加厉。

之所以会出现这种情况，原因就是父母只顾给孩子贴标签，没有好好想想孩子为什么不愿意分享。

想一想，如果你有一件很珍贵的东西，自己都不舍得用的时候，旁边的人让你拿出来和别人分享，如果你不同意，那么就说你自私。这个时候，你心里会是什么感受呢？

当然是不开心了。"小气""自私"这样的贬义词，会让听到的人产生不被别人理解的感受。比如，有的孩子就会觉得分享给别人，自己就没有了；有的孩子会觉得东西珍贵，不舍得分享；还有的孩子觉得把学习方法分享给别人，那么别人就会超越自己。而父母不听这些缘由就盲目地批评孩子，那么孩子就会觉得父母不尊重自己，同时觉得自己的想法在父母那里也无关紧要，自己根本没有辩解的资格。

> 别这么小气，给妹妹玩儿一会儿。

> 不行！我都不舍得玩！

　　次数多了，孩子就会把被父母批评这件事迁怒到被分享的人身上，从而产生敌意，影响今后的交往，同时他们还会养成为别人牺牲自己的习惯，自己也会不再尊重自己的感受和需要了。

　　聪明的父母懂得教会孩子分享是种美德，他们会这样说：

你把你的好吃的给大家分享了，大家都会开心，你觉得呢？

> 和同学们一起分享零食吧。

> 我准备自己吃，不想和别人分享。

> 每个人都喜欢好吃的东西，你把你的好吃的给大家分享了，大家都会开心，你觉得呢？

分享，对于孩子来说，是获得友谊最重要的方式，也是孩子成长道路中最重要的途径。因此，在面对孩子不想与别人分享的时候，父母一定要学会尊重孩子，不要盲目给孩子贴上消极的标签，可以多用"分享可以让大家都开心，你觉得呢""虽然我们失去了一些好吃的，但是我们收获了朋友和快乐呀"这样的话术引导孩子学会分享，并主动分享，通过分享让自己收获更多的朋友，一起快乐成长。

> **你不分享你的学习方法，是怕同学超过你吗？如果这样的话，说明你没有足够的自信呢。**

对于有些孩子来说，他不怕和同学分享物质上的东西，但是很怕和同学分享自己的学习方法和学习习惯，怕同学因此超过自己。其实这样的孩子并不是自私，他只是不够自信。父母可以在平时多引导孩子正视这个问题，多说："你不分享你的学习方法，是怕同学超过你吗？如果是这样，说明你不够自信呢。""和同学分享你的学习方法，那么同学也会和你分享他的学习方法，两个人就会一起提高，一起进步呢。"用这样的话术来给予孩子积极的引导，让孩子感受到分享也可以让自己成长、进步和提高。

> 是的，她学会了，下次比我考得好怎么办？

> 你不分享你的学习方法，是怕同学超过你吗？

> 如果这样的话，说明你没有足够的自信呢！

第七篇

公共场合要有章法

　　相信很多父母带孩子出门都会遇到这样的情况：孩子见到认识的人不主动打招呼；父母在和别人说话的时候，他们大声打断；在公共场所里不遵守公共秩序；在安静的场合大吵大闹……这种情况很让父母头疼，有些着急的父母忍不住在公共场合就开始批评自己的孩子了。可是这些指责的话语却并没有让孩子认识到自己的错误，孩子会觉得没面子、难堪，反而更不把父母的话当回事了。其实对孩子来说，在公共场合出现这些问题也许并不是故意的，他们因为年龄小而容易被情绪控制。在这个时候，父母要给予充分的理解，用孩子可以接受的语言去告诉他们：在公共场合要有章法。

不给我礼貌的机会

嘭嘭嘭，敲门声响起。爸爸打开门，发现本该和奶奶一起去王奶奶家吃饭的萌萌气呼呼地回来了。

你怎么这么快就回来了？吃饭了吗？

吃什么呀，气都气饱了。

怎么回事？

临出门的时候，奶奶跟我说，这些都是奶奶的朋友，见到长辈要有礼貌。

奶奶说得没错呀！

奶奶还说，要嘴甜，会夸人。

那要怎么夸呢？

奶奶说，如果人家孩子长得好看，就夸人家漂亮；如果长得丑，就夸人家个子高。

接下来呢，你夸了吗？

你听我说完。我进屋，刚准备跟王奶奶打招呼，就听见王奶奶说……

王奶奶说什么了？

萌萌，你长得可真高！

主动打招呼，礼貌从此开始

作为父母，常常会教育孩子：见到认识的人要主动打招呼，这是礼貌。但是实际情况有时不像家长想得那么简单，孩子在遇到认识的人后，会出现不愿意打招呼的情况，甚至躲在父母背后，这种情况就让父母觉得很尴尬了。

和奶奶打个招呼。

你都这么大孩子了，怎么这么没有礼貌？

哭什么哭，我不喜欢没有礼貌的孩子。

呜呜呜……妈妈，我……

现实生活中，有些父母会因为孩子没有和认识的人打招呼，而生气地批评孩子没有礼貌，有时候甚至在认识的人面前就开始批评孩子，甚至会用强硬的语言强迫孩子去打招呼。在这些父母眼中，不论什么原因，孩子不主动打招呼就是不礼貌，是不对的，他们完全忽略了孩子在听到这些话后心里会有多难过。

之所以会出现这种情况，原因就是父母没有站在孩子的立场，去感受孩子为什么不去打招呼。

其实可以想象，孩子会不会是因为不知道怎么和别人打招呼？或者是因为紧张、害怕不敢打招呼？又或者是因为孩子性格内向？

当父母给孩子贴上"没礼貌"这种负面标签的时候，就会让孩子产生不被父母理解的感受。比如，当你还没想好怎么和别人打招呼的时候，父母突然说一句："你可真没礼貌。"这就会阻止孩子即将打招呼的行为，会让孩子觉得父母不理解自己，只会责怪自己，同时还会让孩子的内心产生混乱，觉得自己就是个"不礼貌"的人。

长此以往，孩子就会认为自己是不是做得不够好，慢慢地就没有了自信，会害怕与人交往，不想去参加各种活动，性格上也会变得越来越内向和懦弱。

聪明的父母懂得站在孩子的角度考虑问题，当孩子没有主动打招呼时，他们会这样说：

> **没见过这个叔叔你有点儿紧张吧？不过紧张也得打个招呼哟，这是礼貌。**

当孩子不敢主动打招呼的时候，父母一定不要生气和烦恼，可以问问孩子不主动打招呼的原因，再帮助孩子认识到打招呼是一种有礼

没见过这个叔叔你有点儿紧张吧？不过紧张也得打个招呼哟，这是礼貌。

叔……叔叔，您……您好。

貌的行为。父母可以用这样的话术："你有点儿紧张吧？不过紧张也要打个招呼哟，这是礼貌。""这个叔叔你不熟悉，妈妈介绍你和他认识一下，然后你向叔叔问声好，可以吗？"这样的话术会让孩子感受到父母对自己的理解，就会缓和孩子紧张、害怕等情绪，让孩子不再排斥主动打招呼这件事。

> 你看，美美都在主动和老师打招呼呢，你要不要像美美一样，也去和老师打个招呼？

对于性格内向的孩子，父母一定不要用强迫的方式让孩子主动打招呼，而应该给孩子多一点儿耐心和保护。在孩子有满满的安全感之后，再采取正面的态度，引导孩子做一些尝试，可以用"妈妈希望你主动和阿姨打个招呼，你想去试试吗""你看美美都在和别人打招呼呢，你要不要像美美一样，也去打个招呼"这样的话术鼓励孩子勇敢做出尝试。

你看，美美都在主动和老师打招呼呢，你要不要像美美一样，也去和老师打个招呼？

好吧。

认真倾听，不要随意打断他人

当父母和邻居或者朋友说话的时候，孩子在旁边总是插话，要不就是问东问西，要不就是强行插入谈话内容，这常常让家长非常难堪又无奈。批评孩子吧，孩子会没面子，不开心；不批评孩子吧，这种随意打断别人说话的行为又确实不好。到底该怎么办呢？

乐乐，现在是上课时间，先好好听课可以吗？

乐乐，先听老师讲好吗？

听老师说你总是上课插嘴，打断老师讲课？

我就说了两句。

我之前就跟你说了，老师上课时要安静听课，不要打断老师，你怎么总是不听？

面对孩子总是喜欢插话的行为，很多父母都会因为谈话被孩子打断而生气，常常会对孩子进行质问和指责。父母只关注到孩子这些行为是没礼貌的，是错误的，却忽视了孩子的感受，当孩子听完父母的质问和指责后，会感觉到委屈，甚至缺乏安全感。

为什么会出现这种情况呢？原因很简单，那就是父母没有和孩子共情，没有站在孩子的立场去感受他们为什么会这么做。

想一想，如果孩子希望自己的想法或感受被父母看到，孩子对讨论的事情感兴趣，孩子希望自己的问题立即得到解答……当你明白了孩子内心的感受之后再去看待"随意打断别人"这个问题，是不是就可以理解了？

父母在不了解孩子想法的前提下，只是一味地指责和批评，并不会让孩子知道"插嘴""随意打断别人"是很没有礼貌的行为，相反，他们还会觉得父母不理解自己，只会埋怨自己，甚至觉得在父母面前，自己做什么都是错的。

时间久了，孩子就从最初的委屈、难过，慢慢变成了不自信，没有安全感。他们会把自己的情绪隐藏起来，不再轻易表露给父母了。

> 烦死了，今天上课乐乐总是插嘴，害得我都听不清老师讲课了。

> 怎么了？作业不会做吗？

　　聪明的父母懂得理解孩子，当孩子没有认真倾听别人说话，随意打断别人的时候，他们会这样说：

大人正在谈话时，你总是打断，这样会干扰大家的谈话，是很不礼貌的。

> 今天大人正在谈话时，你总是打断，这样会干扰大家的谈话，很不礼貌，妈妈希望你能改正，可以吗？

> 对不起，妈妈，我不是故意的，我下次不会了。

当孩子随意打断别人的时候，父母一定不要急于批评，而应该借助话术来引导孩子，可以说："大人正在谈话时，你总是打断，这样会干扰大家的谈话，是很不礼貌的。""如果你正和同学聊天儿，妈妈在旁边不停地打断，你会不会觉得很烦呢？""如果你只顾发表意见，不认真倾听，那么你就听不到老师讲的内容了。"这样的话术不容易引起孩子的反感，同时还能让孩子明白随意打断他人讲话是不礼貌的行为以及认真倾听的重要性。

> 你想发表意见之前，可以告诉妈妈"对不起，我想打断一下"，然后在获得妈妈允许之后再说话。

下次如果妈妈和别人说话的时候，你想发表自己的意见，可以告诉妈妈"对不起，我想打断一下"，然后在获得妈妈允许之后再说话可以吗？

好的妈妈，我记住了。

父母不要把孩子插嘴随意打断别人这件事定义为不好的、消极的行为。其实从另一个侧面来说，孩子总是插嘴也说明了孩子求知欲、表现欲强，脑子灵活。这个时候，父母要学会引导孩子懂得什么时候可以插嘴以及插嘴的方法和场合，从而让孩子有受重视的感觉，就更有利于保护他们的求知欲和表现欲了。

爱护公物，知晓公民的义务

我们经常会看到孩子破坏公物的情况：随手乱丢果皮、纸屑，用脚踢路边的护栏，随手在楼道、课桌上乱写乱画，乱踩草地……这样的"熊孩子"常常让父母头疼不已，忍不住就对他们大声斥责。可是，吵也吵过了，骂也骂过了，孩子的毛病却一点儿都没改，这到底是哪儿出了问题呢？

哎呀……我的冰激凌！

父母都知道，爱护公物是每个人都应该具有的基本品德，可是对于孩子来说，他们通常对自己的物品比较爱护，爱护公物的意识却比较差。当孩子出现不爱护公物

没事没事，我们再去买一个！

呜呜呜……我的冰激凌没有了！我好伤心……

是呀，没关系，快别哭了！

的现象时，父母总是忍不住对他们批评、教育，给孩子贴上"不爱护公物"的标签。可是这些父母却完全忽略了孩子的感受，孩子会因此感到委屈、难过，同时亲子之间也会出现隔阂。

为什么会这么说呢？原因很简单，那就是父母没有理解孩子破坏公物背后的原因。

想一想：当孩子缺少爱护公物的意识时，他是不是会不自觉地破坏公物；当孩子叛逆期无处发泄压力时，他是不是会拿这些公物出气。

有些孩子是因为缺少父母和老师的教育，没有爱护公物的意识；还有些孩子并不是就喜欢破坏公物，他们只是在平日的学习和生活中

感受到了很大的压力而无处释放。比如，非常努力了但还是学不会，一点儿小事就被父母责骂，在学校里和同学相处不愉快……于是，他们开始借助破坏公物的方式来缓解压力。而这个时候，父母如果不关注孩子的心理原因，只是关注所看到的现象，就会让孩子产生不被理解的感受，觉得自己总是处于失败之中，强化了他的不愉快体验，于是就觉得自己是个"坏孩子"。

时间久了，孩子会不由自主地逃避这些不愉快，会变得更不爱学习，更不守纪律，甚至更爱破坏公物了。

聪明的父母懂得和孩子共情，当孩子感到难过时，他们会这样说：

妈妈相信你不是一个不爱护公物的孩子。

作为父母，平日里要根据孩子的特点，借助生活中出现的小事来教育孩子怎样是爱护公物，让孩子知道公物是大家的，自己不能占有和损害。父母在和孩子沟通的时候，一定不要过于急躁，不要使用命令的口吻，而应该用温和的语气多给予孩子一些信任和鼓励，可以说："妈妈相信你可以做到爱护公物。""你觉得他乱踢垃圾桶这件事对吗？

如果是你，你会怎么做呢？"通过这样的话术帮助孩子强化爱护公物的意识，养成爱护公物的习惯。

这就是爱护公物的表现，真棒！

真是的，倒半天也没人扶一下。

我们乐乐主动把指示牌扶起来，这就是爱护公物的表现，真棒！

　　爱护公物，不是父母随便说几次孩子就能养成习惯，需要坚持不懈地进行教育。要培养孩子爱护公物的习惯，平日里还可以多用表扬的话术。当孩子做出了爱护公物的行为后，父母一定要及时给予肯定和表扬，表扬可以具体一些，这样能够帮助孩子强化爱护公物的观念。

安静的场合，别让吵闹打扰他人

父母带着孩子出门时，会遇到一个问题：孩子总是在安静的场合大吵大闹。看着周围人一脸指责的表情时，父母面露尴尬，极力去安抚孩子，可是面对吵闹的孩子，父母又常常因为失去耐心而情绪过激，反而让孩子吵闹得更加厉害了，这可怎么办呢？

妈妈，我想荡秋千。

这可不行，不安全。

呜呜呜……我就是想荡一下秋千，为什么不行？

不让玩儿是为你好，你也太不乖了。

别闹了，你这么大的孩子了，看，别人都笑话你呢。

现实生活中，当孩子在安静的场合吵闹的时候，父母经常会因为受不了周围人批评的目光，怕别人说"自己的孩子都管不好""这小孩儿真没家教"，从而严厉批评孩子，要求孩子在公共场合里规规矩矩。此刻，在父母眼中，孩子吵闹的原因是微不足道的。可是孩子呢，在听完父母严厉的语言后，吵闹的情绪不但没有得到缓解，反而变本加厉，更难哄了。

为什么会出现这种情况呢？原因很简单，那就是父母没有和孩子共情，没有站在孩子的立场去感受他们为什么会吵闹。

大部分孩子吵闹是因为他们感受到自己被忽略，希望通过这种方式来得到父母的关注，而如果这时候父母不但不关注他，反而同他大吵一顿，那么孩子可不就是吵闹得更厉害了吗？

孩子和父母的关系是最为亲密的，父母对孩子的理解和宽容，会让孩子感觉到自己被认可。当孩子在安静场合故意吵闹，希望得到父母的关注时，父母不去关注他为什么会吵闹，而只是冷冰冰地指责和教育，甚至用父母的威严去压制孩子的情绪，这就让孩子感觉到父母并不关注自己，也不想理解自己此刻的感受。

闭上嘴巴不许吵！不听话我就走了！

……呜呜……我想要洋娃娃！

长此以往，孩子就会把自己的情绪隐藏起来，不再轻易表露给父母。当父母意识到这一点，想要改变的时候，常常会发现为时已晚。

聪明的父母懂得和孩子共情，当孩子在安静的场合吵闹时，他们会这样说：

我们先安静下来，喝口水，歇会儿好吗？

我们先安静下来，喝口水，歇会儿好吗？

好哇！

　　当孩子在安静的场合吵闹时，父母千万不要生气，要有耐心地尝试转移孩子的注意力，让他先从吵闹的情绪中走出来，父母可以说："我们先安静下来，喝口水，歇会儿好吗？""你看这个问题，妈妈找不到答案，你可以帮帮我吗？""你看这是什么，怎么这么奇怪呢？"用这样的话术帮助孩子迅速止住吵闹，让他安静下来。

你这样吵闹，妈妈也猜不到你为什么哭。要不你先冷静一下，和妈妈说说原因好吗？

小明说不和我玩儿。

你这样吵闹，妈妈也猜不到你为什么哭。要不你先冷静一下，和妈妈说说原因好吗？

　　当孩子不分场合地吵闹时，父母可以站在孩子的角度去了解其吵闹的原因。可以说："可以先告诉妈妈，你为什么哭吗？""怎么突然不高兴了，来和妈妈说说。""哭得这么伤心，需要妈妈做些什么吗？"这样的话术可以让孩子感觉到父母的关注，从而缓解他的紧张情绪。当然，父母在了解了孩子吵闹的原因之后，一定要帮助孩子解决问题，这样才能让孩子不再吵闹。

第八篇

鼓励孩子要讲方法

曾听过这样一句话："孩子需要鼓励，就像植物需要水一样，离开了鼓励，孩子就不能成长。"对于孩子来说，在成长中更需要父母的鼓励，鼓励更能树立他们的自信，激励他们的斗志，让他们更勇敢地面对未知的风雨。可是对有的父母而言，却不懂得如何去鼓励孩子，当孩子比赛得奖、考试进步、获得别人认可的时候，父母常常会用单调的"你真棒"来鼓励孩子，但其实，这种鼓励的方式显得很空泛，会让孩子觉得父母并没有给予自己更多的关注，孩子会变得沮丧、消极、不快乐。要想让孩子心情愉悦，感受到父母的信任和肯定，那么父母的鼓励就要温暖、具体，从内心给予孩子尊重和赞赏。

相互鼓励

爸爸听说鼓励孩子可以让孩子变得更优秀，于是他开始从小事鼓励乐乐。

乐乐参加了跑步比赛。

乐乐可真厉害！你现在跑楼下给爸买盒烟，我看有多快。

乐乐把地上的饮料瓶扔进垃圾桶。

看我儿子，眼里多有活儿呀！那边还有兜垃圾，一起去扔了吧。

乐乐考试得了59分，爸爸忍了又忍，然后笑着对乐乐说。

哇！离100就差了41分，差一点儿就及格了！来，多做几套卷子吧。

时间久了，乐乐知道爸爸的鼓励方式了。这天，爸爸又开始鼓励乐乐。

爸爸发现没什么能难住你。今天爸爸不太想动，要不中午的饭你来做？

听到这里，乐乐眼珠子一转，截住了爸爸的话。

爸爸，我也觉得你可厉害了，特别体贴我和妈妈。

你看，你工作又努力，又认真，还经常耐心辅导我做作业，真是个好爸爸……

不过爸爸，今天儿子也不想动，要不，我们点个外卖？

比赛得奖了，肯定孩子的付出和努力

当孩子比赛得奖的时候，他常常会渴望得到父母的鼓励和肯定。可是有些父母除了学习，很难发自内心地为孩子其他领域取得的小小成就感到高兴，反而常常用一些否定和打压的语言来"激励"孩子，殊不知，这样的语言会给孩子带来一定的负面影响。

什么奖状啊？

妈妈，给你看我的奖状。

消防知识竞赛，我得了第三名。

原来是消防知识竞赛呀。

对呀，我可是准备了好久呢。

不错。不过这个奖也没什么用，下次还是把心思用到学习上吧。

生活中，当孩子比赛获奖，正觉得骄傲和开心的时候，父母为了让孩子虚心一些，常常说出一些打压孩子的话。在父母眼里，孩子的开心和骄傲是不值一提的一件事。而孩子呢，在听完这样的话后，心情立刻就从自信、激动变得失落、难过了。

为什么会出现这种情况呢？原因就是父母没有站在孩子的立场感受其兴趣所在，反而在用语言扼杀孩子的天赋。

试想一下，如果你完成了一件很有成就感的事，可是身边的人却冷冰冰地说一句："做成了能怎样，至于那么高兴吗……"你心里会舒服吗？

听到这样的话当然会不舒服。父母对孩子说出这些打击的话，会让孩子的失落感和无力感增加，孩子会觉得自己无论怎么努力父母都看不到，自己的荣誉感和自信心在父母的面前一文不值。甚至父母和孩子之间也会产生嫌隙，亲子间产生隔阂。

长此以往，孩子的兴趣和天赋优势就会慢慢被扼杀了，孩子也会变得对任何事都不再有热情了。

聪明的父母懂得培养孩子的兴趣，当孩子比赛得奖时，他们会肯定孩子的付出和努力。他们会这样说：

妈妈真的替你感到开心。

就差一点儿，我就能得第一名了！

虽然你得了第二名，但是你的努力和付出妈妈都看到了，妈妈真的替你感到开心。

当孩子比赛得奖时，父母一定不要用这个奖项与成绩无关的语言来打击、伤害孩子的自尊心和自信心，而是要第一时间对孩子表达祝贺，肯定孩子的付出和努力，可以用"我真的替你感到开心""恭喜你获奖了，这是你努力的结果"这样的话术让孩子感觉到父母对自己的理解和支持，也让孩子更有信心坚持在自己喜欢的领域探索和学习。

你太厉害了，你以后要更加努力，争取更好的成绩，不过也不要因此忘了学习哟。

东东，你太厉害了！你以后可要更加努力，争取获得更好的成绩，不过训练之余也不要忘了学习哟。

妈妈我知道了，我会努力的。

父母除了与孩子共情，表示理解和支持之外，还要对孩子多一些鼓励，让孩子在保持自信和兴趣的同时，不要忽略了学习。可以说："你可真厉害！你要更加努力，不过也不要因此忘了学习哟。""看来你在这个领域很有天赋，以后学习之余，可以多花点儿时间在这里。"这些话术不但可以激发孩子的荣誉感和自信心，还可以增加学习的主动性。

考试进步了，收获和成长远大于成绩

当孩子考试进步的时候，总是会把这份喜悦和父母分享，想要得到父母的肯定和鼓励。可是有很多父母却为了让孩子不要骄傲自满、不思进取，而说出一些不适合的话，从而挫伤了孩子的进取心，让孩子失去了学习的动力。那么当孩子考试进步了，父母到底该和孩子说些什么呢？

天哪！我竟然及格了，我太开心了！

等回去你妈肯定要奖励你了！

下次要更努力，争取考上90分。

妈，我这次考试及格了。

嗯，是有点儿进步，不过这个分数还是太低了。

现实生活中，当孩子考试进步的时候，父母其实内心都是非常欣慰和高兴的。但是，有些父母把自己高兴的心思隐藏起来，装作淡定的样子，给孩子提出更高的要求，督促孩子要谦虚，不要骄傲，要更好地学习。但就是这些看似为孩子好的话术，结果却给孩子带来了负面影响。

之所以会出现这种情况，原因就是父母没有站在孩子的立场去感受他们喜悦的原因。

想想你自己，小时候也难免被父母拿来和别人比较吧？当你考试进步了的时候，父母没有第一时间给予肯定和表扬，反而说上一句："你瞧那谁谁谁，每次都考第一名，你要向他学习……"听到这样的话，你是不是立刻会变得难过起来？

妈妈，我这次考了全班第五名。

才第五名啊，你还需要更努力。你看你们班小华，每次都是第一名。

答案当然是肯定的。"你要更努力""你别骄傲""有什么好开心的"……这些看似是父母对孩子激励的语句，其实是对孩子的否定，它会让孩子有不被父母理解的感受，非常打击孩子的自信心。其实，孩子能取得好成绩，背后肯定付出了很多的努力，可是父母却忽视了孩子的努力，更忽视了孩子渴望得到的是家长的肯定。此刻，孩子会觉得父母不够关心自己，觉得在父母面前，自己无论怎么做都是不对的。

父母错误的鼓励，会打击孩子的自信心和成就感，让孩子学习的

> 妈，我这次数学及格了。

> 65分，才刚过及格，看来你还要更努力呀！

热情下降，那么孩子就会失去自信和学习动力。

聪明的父母懂得和孩子共情，当孩子感到难过时，他们会这样说：

妈妈知道考试前你做出了很多的努力，看来这些努力没有白费呀！

当孩子考试进步了，父母一定要耐下心来夸奖、鼓励孩子。要肯定孩子的进步，告诉孩子你看到了他的努力，并且要引导孩子知道努力才有收获。父母可以用这样的话术："这次成绩很不错，看来你所学的知识点掌握得很牢哇！""我知道你考试前所做出的努力，看来这些

> 妈妈知道考试前你做出了很多的努力，看来这些努力没有白费呀！

> 是呀，努力就有收获呢。

努力没有白费呀！""这次进步了很多哟，妈妈从你认真的态度能感受到，你会勇敢面对未来的压力，对吗？"这样的语言会让孩子明白，收获和成长比成绩更重要。

> **很高兴看到你的进步。我相信这只是一个开始，未来你一定会越来越棒！**

在孩子取得好成绩的时候，父母对孩子的鼓励不仅仅是对学习态度和学习成绩的认可，更让孩子的精神得到了极大的满足。父母在鼓励孩子的时候，不仅要对孩子这段时间的努力表示认可，更要强调孩子努力的过程是更加重要的，当孩子学会把关注点放在如何努力以及努力的方法上，自然就不会过于关注结果，那么也就不会产生骄傲自满的情绪了。

> 每天那么辛苦地练习，终于没有白费。

> 是呀，爸爸很高兴看到你的进步。我相信这只是一个开始，未来你一定会越来越棒！

获得当众表扬，可以自信，但不要自满

当孩子获得了表扬的时候，总是会非常开心，他们总会迫切地把这件事告诉父母，希望父母能一起分享自己的喜悦心情。可是父母呢，好像并不关注他们的情绪，而总是用一些不合适的语言来打击他们，为什么会这样呢？

最近乐乐上课特别认真，作业完成质量很高，表现得很棒。

其实我也没有老师说的那么好啦。

被老师表扬了是不是很开心哪？

虽然老师表扬了你，但是你不要骄傲，要继续努力。

今天老师表扬我了。

　　孩子当众获得表扬的时候会很开心，因为这是别人对孩子某一方面的认可和鼓励。孩子会迫不及待地把自己获得表扬的事情分享给父母，希望父母也为此而高兴。可是，有的父母知道这件事后，即便心里会很高兴，也不会在孩子面前表现出来，常常会借助一些话术来打击和教育孩子。父母本意是希望孩子不要骄傲自满，但是听了父母的话，孩子喜悦的心情却一扫而光，反而会变得难过起来。

　　孩子为什么会出现这种情况，原因就是父母只顾用自己的方法去教育孩子，而没有看到孩子受到表扬背后希望得到的是什么。

　　试想一下，当你完成一个项目受到领导的表扬，正开心的时候，朋友却说："领导也就是随口一说，又没给你涨工资，别太在意。"听到这样的话，你还笑得出来吗？

这可是我从毕业到工作以来第一次得到领导的表扬。

领导也就是随口一说，又没给你涨工资，别太在意。

　　听到这样的话当然会不舒服。看似是为别人好，实际上说出来的话却是在打击别人。特别是对于孩子来说，无论父母是从什么出发点对自己说出类似的话，都是在一定程度上对自己的否定，他们无意中就伤害了孩子的自尊，让孩子原本因为受到表扬而产生的积极心态也发生了变化。孩子会觉得父母对自己不够信任和理解，同时也觉得在老师说我观察得很仔细，夸奖我了呢。

瞧瞧，老师刚夸你两句就有点儿骄傲了，这样可不行啊！

父母面前，无论做什么，父母都是不认可的。

　　这种情况持续几次之后，孩子就不会从被夸奖这件事中吸取积极因素完善自己，相反，他们会越来越不自信。变得越来越胆小和怯懦了。

　　聪明的父母懂得和孩子共情，当孩子因为获得表扬而开心时，他们会教育孩子可以自信，但是不要自满。他们会这样说：

获得表扬你一定很高兴吧？老师表扬你什么了呀？

那你一定很高兴吧？老师表扬你什么了呀？

是因为我设计的板报得了年级第一名。

　　每一个孩子都渴望得到老师、父母以及其他人对自己的表扬，这个表扬是对孩子的认可和鼓励，有非常重要的意义。当父母知道孩子获得表扬的时候，一定要懂得与孩子共情，可以用这样的话术："获得表扬你一定很高兴吧？老师表扬你什么了呀？""妈妈也替你感到高兴，你一定是在这方面取得了很大的进步。"从而给予孩子更多的支持和鼓励，帮助孩子建立自信。

妈妈给你点赞，那么你觉得自己哪些地方进步了？还有哪些地方更需要努力呢？

　　父母要注意，对孩子的表扬和鼓励要适度。如果对孩子过度表扬或鼓励，就容易让孩子陷入过高的评价中，认不清现实，从而引起孩子骄傲自满的情绪。所以父母要学会在表扬和鼓励中引导孩子分析自己的优点和缺点，使得孩子能够正确认识到自己的不足，明白还需要不断地完善和超越自己，才能在学习和生活中获得进步，成长为更好的自己。

东东真棒！妈妈给你点赞。那么，你觉得自己哪些地方进步了？还有哪些地方更需要努力呢？

我的数学这次考了满分，但是语文没考好。

除了"你真棒"，让鼓励的话语更丰富

父母的鼓励和表扬，对于孩子是非常重要的，孩子会因为得到父母的认可而更加积极努力，向更好的方向发展。可是除了"你真棒"，父母还可以用哪些话术来鼓励孩子呢？

哎呀……多多，你真棒！

我孙子太棒了！

妈妈等会儿再给你检查，你先去玩儿一会儿。

好好好，多多完成了作业，表现得真棒！

不行，你得先夸夸我。

现实生活中，当父母看到孩子表现得好的时候，常常会把"你真棒""真聪明""真厉害"这样的口头语挂在嘴边，随意地去表扬孩子，殊不知，孩子听的次数多了，可能就是高兴一下，就该干什么干什么去了。这样泛泛的夸奖，并不能让孩子明白自己到底哪里做得好，对孩子的成长也没有什么好处。

为什么会出现这种情况呢？原因很简单，那就是父母没有站在孩子的立场，去引导他们分析自己的优点和缺点。

假设你是孩子，当你考试取得了好成绩的时候，妈妈对你说："你考得真好，你真棒！"爸爸对你说："你考得真好，一定付出了很多努力，要继续加油哇！"当你面对这两种鼓励方式时，你会更喜欢哪种呢？

儿子，你考得真好，真棒！

你这次考得真好，一定付出了很多努力，要继续加油哇！

想必很多人都更喜欢爸爸的鼓励方式吧。很多父母认为，只要表扬孩子，让孩子知道父母认可他的努力就可以了，而且"你真棒"的表扬方式也能鼓励孩子，让孩子变得听话、安

做得真好，你真棒！

我还要再做一个送给妹妹。

静，可是他们却忽略了泛泛的表扬并不能带给孩子成长。孩子会因为表扬来得太过容易而失去了思考的能力以及进步的动力。

这种表扬方式用得多了，孩子的自信心并不会得到提升，反而会失去自我判断的能力，变得敏感、自我、"玻璃心"，听不得半点儿批评。

聪明的父母懂得用更多夸奖的话术来帮助孩子成长，他们会这样说：

坚持就是最大的成功，表现不错，继续加油！

太开心了！

妈妈真高兴看到了你的坚持，坚持就是最大的成功，表现不错，继续加油！

俗话说"夸人要夸到点儿上"，父母对孩子的表扬和鼓励可以从更多方面展开。当孩子学习取得了进步，你可以表扬孩子："这次考试取得了进步，和你平日的努力是分不开的，妈妈为你感到高兴。"当孩子能持续做一件事的时候，你可以这么说："坚持就是最大的成功，表现不错，继续加油！"当孩子想到一个新点子的时候，你也可以说："你这个想法真的太好了，真有创意，妈妈觉得很不错！"当孩子在跑步速度提升的时候，你可以说："你现在跑步姿势很标准，跑步时呼吸均匀又有节奏，比之前进步多了！"除了这些，父母还可以从勇气、态度、领导能力、信用等方面进行表扬，这样才能让孩子关注到自己的优势，认识自己的不足。

真为你骄傲，因为你敢于直面困难，这可是最好的品质。

太可惜了，就差了一步。

虽然跳棋没夺得冠军，但是爸爸为你骄傲，因为你敢于直面困难，这可是最好的品质。

父母可以借助表扬孩子这件事，逐渐引导孩子拥有自己所期望的品质。可以在鼓励和表扬孩子的时候，多说一些细节，少说一些形容词；多强调一些孩子的责任和认真的态度，让孩子感觉到自己的价值……这样，孩子就会在父母的夸奖中变得自信、开朗，对生活充满激情和信心，同时更加坚定自己的理想、信念，具有创造美好未来的勇气。

物质奖励和精神奖励并重，适时满足孩子

很多父母为了让孩子好好学习，往往会想尽各种方法。他们经常会承诺孩子："如果你考试得了满分，我就奖励你一双足球鞋。""如果你班级排名到了前十名，我就带你去旅游。"可是，这种只有物质的奖励方法，真的对孩子好吗？

我马上就有新手机了，考前十名的奖励，老妈答应我的。

唉，你可真幸运，我这次没考好，奖励也泡汤了。

妈，这次我可是第九名。你可别忘了答应我什么了。

我们乐乐可真棒！放心吧，下午我们就去买。

太好了！太好了！

在孩子的成长过程中，很多父母都采用物质奖励的方法来鼓励孩子好好学习，提高成绩，这在短时间内确实是非常有用的一种激励方式。可是父母却忽略了一件事，孩子随着年龄的增长，慢慢地，就会变得斤斤计较，有功利心，这对孩子的价值观和金钱观有非常不好的影响。同时，一旦家长不能满足孩子所提出的要求时，孩子的学习兴趣就会大打折扣。

为什么会出现这种情况呢，原因就是父母只看到物质奖励很快就能带来好的效果，而没有关注到，精神奖励需要更长久的时间，才能激发孩子的内在动力。

想一想，如果父母总是告诉你："你做好这件事，我就奖励你一个……"那么时间久了，你做事情的目的是不是就变了呢？是不是就变成为某些物质而努力了呢？

东东，以后你每做一件家务，我就奖励你2元钱，怎么样？

妈妈，你说话要算数哟，我马上去扫地。

答案当然是肯定的。物质奖励虽然能让孩子得到实惠，但是不能让孩子持久地保持一种兴趣。父母承诺孩子完成某件事情后给予物质奖励，那么孩子在得到物质奖励后，激动的心情就会下降，曾经付出的努力、学到的知识也会被逐渐弱化。这就导致孩子以后无论做什么事，奖励越符合他的心意，他的兴趣就越浓烈，维持时间就会越久；

妈妈，骑车太难了，我学不会。

这样吧，你学会骑车了，妈妈就给你买你想要的音乐盒，怎么样?

相反，兴趣就会下降，做事的激情就会降低。

因此，家长一定不要重视物质奖励而忽视精神奖励，要知道精神奖励是方向，物质奖励是孩子的需要，只有两者并重，孩子的成长才能既有明确的方向，又能获得成长的收益。

聪明的父母懂得物质奖励和精神奖励并重的道理，他们会这样鼓励孩子：

妈妈很喜欢你的坚持，奖励你一朵小红花，攒够十朵小红花就可以换一个小玩具哟。

作为父母，一定要知道，适当的时候，用适当的次数给予孩子物

你的坚持没有白费，妈妈觉得你很棒，奖励你一朵小红花，攒够十朵小红花就可以换一个小玩具哟。

我会继续努力的。

质奖励，可以起到很好的作用。家长不妨在满足孩子必需的生活和学习用品的前提下，尽量减少奖励的次数。可以采取精神奖励和物质奖励结合的方式，也就是从细节鼓励孩子，同时引导孩子持续做这件事情的积极性，积攒到一定时间可以兑换成物质奖励。父母要注意，一定要按照约定进行，该奖励的时候要坚决奖励，否则会挫败孩子的学习热情，不利于孩子成长。

妈妈能看到你的努力，这次你考得很好，奖励你去挑选一本自己喜欢的书吧。

太好了，我早就想买《哈利·波特与魔法石》了。

父母对孩子的奖励，不仅仅是物质的满足，更是一种价值观的体现。精神奖励和物质奖励要相辅相成，父母不妨把物质奖励换成与精神激励有关的。比如学习用品、书籍或者是荣誉奖状等，这样就可以把孩子从物质的吃、穿、住、用、玩儿为主的享乐方面，转化为精神上的滋养与满足。